丛书由信阳师范学院资助出版

中国工作环境研究丛书

中国式员工参与

制度与实践的变迁

EMPLOYEE PARTICIPATION WITH CHINESE CHARACTERISTICS

The Changes of Systems and Practices

吴建平　著

社会科学文献出版社
SOCIAL SCIENCES ACADEMIC PRESS (CHINA)

编委会

编者序

工作环境（working conditions）主要指的是从业者在其工作单位中，从主观上所感受到的一种工作氛围（working climate）与工作状态（working state）。工作组织与单位作为一个社会中重要的制度载体，主要是通过其所形成和营造的独特的社会环境或者组织文化影响和规范员工的组织行为。在欧洲，工作环境研究已经初具规模，成为一个很重要的交叉学科领域。在中国，对工作环境的研究才刚刚开始，目前主要从工作时间、工作报偿、工作场所以及工作中的员工参与四个方面展开研究。

从历史发展的过程来看，工业文明的一个重要特点，就是使人们从农业文明中互不关联的“个体劳动”脱离出来，走向互为关联的“集体劳动”。人们在“集体劳动”过程中不断互动，社会交往日益频繁。这种不断互动与频繁交往使人们产生对公共品的要求，同时也发展出公共道德规范。随着公共（集体）空间和公共品在质量与数量上不断提高与增加，“集体劳动”的效率会不断提高，与此同时，“集体劳动”的环境以及公共空间的环境也会不断改善，这既是文明发展的历史趋势，也是文明发展的条件和前提①。在现代社会，工作组织是各类组织的最主要形式，也是多数社会成员的主要“栖身”场所。人们生活在社会里和工作中，工作是人们一生最重要的组成部分，它会给人们带来完全的满足与

① 郑永年：《当代中国个体道德下沉根源》，《联合早报》2019 年 7 月 23 日。

充分的意义。一方面，人们的工作以及工作的环境深深地影响着人们的行为，这样的组织及其环境实际上是人们在社会生活中价值观与行为取向重塑的社会场所；另一方面，人们的行为也深深地嵌入了他们工作的那个单位或者说他们的职业或工作之中。在很多情况下，人们在这种环境中完成他们的社会化过程。恰恰在这个意义上，人们在工作单位中感受到的组织氛围与工作状态，对人们在组织中的行为会产生举足轻重的影响。

事实上，经济增长的质量和效率取决于参与经济活动劳动者的质量，取决于这种经济活动组织者所营造的工作环境的质量。良好的工作环境，能够造就有质量的工作，它既是一个社会高质量发展的前提，也是条件。一个高质量发展的中国，首先需要创新劳动者的工作环境，同时需要提高劳动者工作的质量，这是当今中国发展的重要基础。

不少的研究告诉我们，一个好的工作环境，在微观个体层面，能够为人们获得幸福与满足提供必要的物质保障和前提，为人们的情感满足提供必要的社会归属，能够帮助个体更好地在组织中实现自我，激发潜能，为人们的自我成长和满足提供必要的公共场所；在中观组织层面，能够促进良好的组织文化构建，提高组织成员对组织的认同感和满意度，提高组织效率，进而快速推动组织的创新与发展；在宏观社会层面，有助于我国的经济与社会实现“新常态”下的健康、平稳，同时也能够为高质量发展提供合理的预期。

按照社会学的理论，在一个组织的发展过程中，人们的行为结构总是嵌入组织的结构之中。在这个意义上，工作环境作为组织员工行为的结构性因素，同样也发挥着至关重要的作用。毋庸置疑，好的工作环境、工作质量，作为衡量人类福祉的重要指标，不应该也不能够被忽略在社会发展的关注范畴之外。

从学科特点来说，组织“工作环境”问题是社会学研究的重要内容，特别是从组织社会学角度出发进行研究具有明显的学科特长和优势。就研究路径而言，将组织社会学的相关理论、方法和观点运用于对“工作环境”问题的研究，不仅使我们从学术视角对组织环境变迁的结构特征及影响机制有更为深入的认识，而且由于“工作环境”贴近现实生活实践，勾连社会成员与各类工作组织，因而也使其成为宏观与微观社会治理的一个重要环节。

在很多情况下，我们还可以观察到，一个社会的景气离不开这个社会中各种不同类型组织的景气，或者组织中良好的工作环境。当一些社会成员在自己所隶属的组织中不愉快、不满意，感受不到组织的激励，体会不到其他组织成员的帮助和支持，那么，他们这种不满的感受和情绪就会或多或少地以各种不同的方式宣泄到社会当中去，在一定程度上会影响一个社会的景气。所以，从某种意义上说，研究一个组织的景气以及组织的工作环境能够使我们在更深层次上理解一个社会的景气，这恰恰也是我们研究组织景气与工作环境的学术意义①。

另外，对工作环境研究的深入，能够为组织的评估提供一个良好的学术与方法的基础。事实上，如何运用科学的方法对一个组织的景气状况进行评估，这对于提高组织的效率、增强员工的满意度和获得感、加强员工对组织的认同与归属，都能够起到很重要的作用。

正是从工作环境研究的重要学术意义和应用价值出发，我们从 2013 年开始，对中国的工作环境问题进行了深入研究。这套丛书，就是试图根据我们的田野调查和研究数据，从各个不同的角度对中国的工作环境问题进行深入的观察与分析，同时也对我们

① 所以，这套丛书也可看作两个国家社会科学基金课题研究的进一步深入和延续：张彦，2015 年国家社会科学基金一般项目“中国企业工作环境研究：概念、量表与指数构建”（项目编号：15BH05）；李汉林，2018 年国家社会科学基金重大项目“中国社会景气与社会信心研究：理论与方法”（项目编号：18ZDA164）。

前一段时期的研究工作进行一个小结。

我们衷心地期望，这套丛书的出版，能够进一步推动中国工作环境的研究和深入。

是为序。

目　录

第一章 导论

第一节 员工参与及其制度环境变迁

一 工作环境视角下的员工参与

对于每一个劳动者来说，工作环境的重要性不言而喻，虽然它不像工资福利那样直接关系劳动者的经济利益，但也无时无刻不影响着劳动者的身心健康。因此，工作环境理应成为一个重要的研究议题。不过实际情形是，工作环境似乎一直都不是一个热门的研究话题，研究者更多的是在分析劳动关系问题时，将工作环境当作劳资之间争夺的一个目标而顺带纳入研究范围，至于对工作环境本身或其内在结构和意义的研究则相对较少，人们往往也是以一种比较含糊或笼统的方式来指称工作环境。之所以出现这种状况，在很大程度上与人们对工作环境及其对劳动者的意义的理解有关。因为，在很长的一段时间里，人们对工作环境的理解基本都停留在物质意义上，包括恩格斯的经典之作《英国工人阶级状况》也主要关注工人的物质工作环境。这种对工作环境仅局限于物质意义上的理解，在很大程度上限制了研究者的问题视野和想象空间。

当然，这并不是说物质意义上的工作环境不重要，事实上，物质工作环境的改善一直是工人运动或工会运动的一个重要目标，同时也是社会文明进步的一个重要表现。在诸多社会力量的共同作用下，物质工作环境也的确在不断得到改善，一些工业发达国家在20世纪初，都陆续制定法律来改善恶劣的工作环境。但有意思的是，虽然工人的实际工资、工时和休假等雇佣条件都达到了此前几代人认为不可能达到的水平，而且工厂机械化程度的提高也让工人逐渐远离那些特别笨重和危险的工作，但许多工人对工作环境的满意度却并不高，而且这种不满意不只出现在蓝领工人当中，也出现在白领工人甚至中层管理者当中（Portigal，1973）。

在这种情况下，人们对工作环境的理解或认知开始超越物质意义的局限，针对工作环境本身的研究开始逐渐丰富起来。这一转变与1920年代的工业社会学、工业心理学和管理学的研究发现密切相关，当时一些研究者在工厂进行工业实验，探索光线、温度、疲劳、工作单调等对工业效率的影响，其中最著名的莫过于霍桑实验，该实验让人们认识到了工人士气与生产效率之间的密切关系，以及非正式群体对工人生产行为的重要影响，这意味着，非物质意义上的工作环境会影响工人的工作态度，进而对工业效率产生重要影响。于是自1930年代中期起，出现了大量对工人态度或工业心理的研究。与此同时，由于马克思《1844年经济学哲学手稿》的出版，引发了对劳动异化问题的大量研究，研究者纷纷揭示了工作任务碎片化、单调枯燥和无意义感引发的社会心理问题。这些研究让人们认识到，不仅要关心工人的身体状况，也要关心工人的思想或心理状况，而后者就需要诉诸新的工作环境理念，比如为工人提供稳定的就业岗位以及完善的职业发展规划等（O'Connell-Maher，1946）。

进入1960年代后，一些社会科学家尝试在工业领域进行社会－技术的改良试验，即对工作进行重新设计，比如在技术领域引入人体工程学方面的知识，组建自主性的工作团队，让工人更多地参与团队活动以激发其工作兴趣，应对工作的单调或无意义感，为工人提供更加公平的工作环境，以及改善组织内部的沟通状况等（Portigal，1973）。

这些不断的研究发展表明，人们对工作环境的理解不只局限于物质意义的工作环境，还扩展到了社会 - 心理意义的工作环境，而且对后者的重视程度与日俱增，这是工业文明进步的表现。而且，这种进步已经从理论或观念层面，进入了政策或实践层面。比如，在 1970 年代，一些斯堪的纳维亚国家开始使用“工作环境”（working environment/conditions）一词，以取代早期使用的“职业安全与卫生”（occupational health and safety），这种概念上的转换代表了社会关注焦点的转换，即从以往对较为狭隘的健康和安全的关注转向对更为宽泛的会影响到人们工作生活质量的物质和社会环境的关注，或者说，从以往对与工作相关的伤害和疾病的关注，转到了对提升员工福祉的关注，尤其是要改善其工作的“心理 - 社会环境”（Knudsen et al.，2011）。因此，工作环境应该兼具物理意义及社会 - 心理意义。

正是在这种发展环境下，有研究者就指出，就像经济学家用各种经济指标来反映经济发展状况一样，社会学家或社会政策研究者也应该将工作环境当作反映社会进步水平的一个重要参考指标；而这其中应不仅包括传统的物质意义上的工作环境指标，也应扩展至一些社会 - 心理意义上的指标，比如工作对员工私人生活领域的渗透，性别、年龄、种族歧视、不公平对待等（Herrick and Quinn，1971）。

另外，这种理解上的转变在一定程度上也出现在法律意义上。根据一些法学研究者的考察，自 1960 年代起，工作环境权的理念和制度开始形成，一些发达国家先后制定了工作环境法，国际劳工组织也于 1977 年和 1981 年先后通过了《工作环境（空气污染、噪音和振动）公约》和《职业安全和卫生及工作环境公约》，并于 1999 年提出了“体面劳动”，要求“确保工作条件和就业的安全与卫生，尊重工人的尊严，提高工人的福祉，增加其实现自我价值的机会”（范围，2012）。与以往的“劳动安全卫生权”相比，“工作环境权”具有实质性的进步意义，二者有以下几个主要区别。第一，在权利目的上，前者更多关注劳动者的安全和健康保障，但工作环境权则强调应为劳动者提供“与科技和社会发展相符合的福利水平”。第二，在权利主体上，前者更突出公权属性，强调雇主对国家的义务，后者则将劳动者置于主体地位，突出其参与性和自主性。第三，在权利内容上，前者偏向实体性权利，且主要强调劳动者的生命安全和身体健康保障的量化标准，而后者不仅注重劳动者的精神健康保护，而且偏向程序性或过程性权利，强调劳资之间如何通过协商或共决来促进安全、健康和舒适的工作环境的实现（范围，2012）。

从国外的研究进展来看，人们对工作环境的理解明显从物质意义转向社会－心理意义，这在一定程度上是与国外的工业化程度或经济发展水平相关的。而在对工作环境的社会－心理意义的强调中，一个非常重要的方面就是对员工参与的重视，换言之，一个良好的工作环境应该是一个友好的参与型工作氛围，员工不仅能够对自己的工作或劳动过程有一定的参与权或自主权，而且能够对涉及切身利益的事项享有一定的参与权。因此，员工参与是工作环境的重要内涵之一。

相比而言，国内研究者对工作环境的研究就稍微滞后。不过近些年来，越来越多的研究者开始关注工作环境，相关研究也变得丰富起来，并取得了一些实质性进展。

伴随现阶段我国工业化和城镇化进程，出现了大量农民工，而且他们往往处在弱势地位，因此国内工作环境研究中不少是针对农民工或城市外来务工人员的。这些研究发现他们大多数人严重超时加班，又多处于工作环境污染较严重的生产环境中，这造成一种伤害叠加效应，致使其身体和精神健康状态都较为糟糕，而且与其他社会经济变量的影响相比，环境对身心健康的影响效应更为突出（牛建林等，2011；俞林伟，2016；孙中伟、张莉、张晓莹，2018）。当然，这些研究者主要是在物质意义上理解工作环境的，比如关注工作场所中是否存在有毒有害物质或噪声，是否存在冒险作业，是否经常甚至过度加班等。一些法学研究者也这样理解工作环境，虽然他们主张用工作环境权来取代以往的劳动安全卫生权，而且也强调员工参与的集体性、程序性权利，以及员工的心理健康权利，但在总体上还是倾向于在物质意义上理解工作环境及工作环境权，比如他们认为工作环境（主要包括机器设备、原材料、工作厂房，防护用品及防护设施，以及工作时间、工作组织和工作过程等）必须符合国家标准或者有利于劳动者的身心健康（范围，2012；义海忠、谢德成，2012）。

也有研究者同样关注农民工群体，但他们将对工作环境的理解扩展到了非物质意义上，并指出工作环境对工作倦怠感具有显著影响，比如管理制度的正式性、工作控制感、组织内人际关系和权益保护等与工作倦怠感呈负相关，而工作技术要求、工作机械化程度、工作时间等则与工作倦怠感呈正相关（王毅杰、卢楠，2014）。当然，工作环境对职业人群心理健康的影响并不局限于农民工群体，事实上，这种影响具有普遍意义，正如有研究者所指出的那样，不良的工作性质、工作压力和职业紧张会带来焦虑和抑郁的增加，而工作场所中的人际支持和健康服务则会减少焦虑和抑郁（姜学文、鞠巍、常春，2019）。

由此可见，国内研究者也开始越来越多地强调社会－心理意义上的工作环境或者工作环境的社会－心理维度，他们对各类知识型员工（如教师、技术人才、研发人员等）的工作环境的研究尤为如此。而且随着社会－心理维度的引入，研究者对工作环境的定义或理解也变得更为复杂多样，有的定义非常宽泛，比如将工作环境定义为个体在工作中感受到的心理和社会的系列影响因素，包括工作中所感受到的压力、自主性、人际关系、工作付出－回报失衡状态、内在投入程度、在工作中得到的支持等（邢占军、张燕，2010）。又如有研究者针对创造力工作环境，定义为所有影响员工创造力的企业内部环境因素的总和（杨倚奇、孙剑平、周小虎，2015）。也有的定义相对具体些，比如认为工作环境是成员对工作情境中个人、组织、工作特征和人际关系等方面的综合感知（向李娟、刘方方，2013）。当然，还有研究者立足于组织角度提出工作环境的定义，认为工作环境就是组织所营造的有利于组织信息流动、组织知识最大化共享的社会气氛（郝迎潮、万迪昉、吴翠花，2007）。

在此基础上，研究者进一步指出了工作环境对组织成员的影响，比如有研究者针对高校教师的调查表明，与教师个体特征和劳动力市场特征相比，高校教师工作满意度是教师流动意向最显著的解释变量，而高校教师对工作环境的感知又直接且有力地解释了教师工作满意度，特别是高校的目标与领导、学术工作条件以及行政管理及与学术系统的沟通是更为重要的工作环境维度（由由，2014）；也有研究者以乡村教师为调查对象，发现工作环境会影响他们的心理资本，进而影响其专业学习效果（赵新亮、刘胜男，2018）；此外，还有研究指出，工作环境中工作团队支持、挑战性工作和工作资源因素与知识创造活动存在正相关关系，营造良好的工作环境有利于企业创造活动的顺利进行（郝迎潮、万迪昉、吴翠花，2007）。

在这种综合性理解基础上，国内研究者提出了工作环境的各种测量方法。不同研究者所研究的职业群体不同，因此提出的维度也各不相同，比如针对农民工群体，提出工作技术要求、管理制度的正式化、工作自主性、工作时长、权益保护以及工作中人际支持等维度（王毅杰、卢楠，2014）；针对地方党政干部，提出工作中感受到的压力、自主性、人际关系、工作付出－回报失衡状态、内在投入程度、在工作中得到的支持等维度（邢占军、张燕，2010）；针对科技创新或技术研发人员，提出组织激励、上司激励、工作团队支持、工作资源、挑战性工作以及组织障碍等维度（郝迎潮、万迪昉、吴翠花，2007），或者是收入分配、职业保障、尊重与地位、工作特征、资源获取与组织支持等维度（杨倚奇、孙剑平、周小虎，2015）；针对高校教师，有研究者提出组织目标与领导、学术工作条件、技术支持服务、管理与沟通等维度

（由由，2014）；还有研究者针对图书馆馆员提出组织公平性、工作时间规律性、工作场所舒适性、工作负荷合理性、工作报酬激励性、工作中社会互动程度、组织文化和个人价值观的冲突等维度（向李娟、刘方方，2013）；等等。

从国内的研究进展来看，研究者也是从物质意义开始，逐步扩展到社会－心理意义上的工作环境。只不过可能与我国当前工业化进程的阶段和特点有关，一方面工作环境研究较少，另一方面是对社会－心理意义上的工作环境的研究相对薄弱，而且研究者彼此之间还缺乏对这个议题的高度共识，在概念的界定和维度的建构上，存在较高的分散性。

不过，即便如此，这些研究者还是存在一个共识，就是员工参与应是工作环境中的重要维度，虽然他们采用的概念不同，但这些概念具有很高的重叠性，都强调员工能够在工作中进行参与和表达，既可以是围绕工作本身进行的参与，也可以是围绕自身利益诉求进行的参与。

综合来看，员工参与已经成为工作环境中的一个重要维度，越来越受到学界的重视，而且从工作环境的角度来理解员工参与，也开创了一个新的视角，即不再是将员工参与作为一种手段，而是将其当作目的。换言之，从工作环境角度来看，员工参与本身就是一种值得追求的价值目标。

二 员工参与的制度环境变迁

自19世纪末韦伯夫妇（Sidney and Beatrice Webb）出版《工业民主》（*Industrial Democracy*）以来，工业民主或员工参与就一直是一个热门议题，引发了长期的研究争论，这些争论必然随着外部制度环境和企业内部管理体制的变化而变化，员工参与也表现出相应的形态或模式。

首先，从微观的企业内部管理角度看，自工业化以来，企业对员工的管理方式不断调整和发展，这源于企业对员工的定位或理解在不断变化。有研究者指出，企业对员工角色的定位先后经历过五个阶段（Dobbin and Sutton，1993）：第一个阶段从工业化起直至20世纪初，员工被看作一种随时可以替换的生产要素，其行为动机就是由当下的奖励和惩罚构成，因此其行为模式类似于“刺激－反应”的机械行为模式；第二个阶段出现在20世纪初，企业虽然仍将员工当作生产要素，但认识到了其内部的参差不齐会影响企业生产效率，特别是进入机器大工业阶段后，非常有必要对员工进行标准化、规范化的训练，员工也被当作一台大生产机器中的一个自私自利取向的零部件；第三个阶段源于霍桑实验的发现，企业认识到员工是“社会人”而不是一种可随时替代的生产要素，他们对企业的忠诚和认同直接影响企业的生产经营活动，企业主开始逐步采取家长制方式的管理策略，通过给予员工恩惠来换取员工的忠诚，这也是为了让他们远离各种不利于企业生产经营的非正式群体以及工会等对抗性群体；第四个阶段出现在资本主义进入组织化阶段后，此时在工业领域出现了劳资各方的组织，劳资双方开始通过集体谈判的方式来厘定行业或区域的各项劳动条件，因此，员工不再被看作孤立的个体，而被看作工会成员，并且通过工会来参与对雇佣条件的决定，并对企业管理制度产生了一定的影响；第五个阶段则出现在人力资本概念被提出之后，该概念的提出意味着需要改变传统的利益分配格局，因为它强调员工的人力资本作为一种非物质性资本，也应分享资本收益，其实质是一种利润分享型的劳资关系理念。

其次，从中观的工业关系结构角度看，员工参与的模式和意义随着工业关系结构的变化而变化。一般而言，在工业化早期阶段，占主导地位的观念是自由放任主义，其强调的是一种自由－个人主义的工业关系模式（Gospel and Palmer，1993），即通过个体化的方式来建立劳资关系，并主要由劳动力市场来调节劳资关系。不过，这种关系很快表现出明显的“资强劳弱”格局，从而容易导致资本对劳动的剥夺，因此工人开始逐渐通过结社的方式来对抗资本，作为回应，资本也联合起来，这样就出现了一场“组织化革命”，自由放任个人主义开始让位于“集体主义”，资本主义进入了组织化资本主义时代（Hawley，1978；Gerber，1988）。这也被称为劳动关系的“集体化转型”，以美国为例，这种转型发生在1930年代中后期，在此后的20多年里，集体谈判成为劳动关系调节的重要方式，这种发展也同样发生在第二次世界大战后的很多发达国家中。不过，进入1980年代之后，随着现代人力资源管理理念和模式的兴起，加上新自由主义思潮的盛行，劳动关系出现了一种“去集体化”的转型（游正林，2014），即员工重新以个体的方式面对企业。

最后，从宏观的政治经济体制角度看，第二次世界大战之后，发达资本主义国家大都加强了政府对经济的干预甚至是管制，或者对某些产业领域进行国有化，这一方面是为了克服盲目的市场竞争带来的经济危机，另一方面也是为了快速让国民经济从战争创伤中恢复过来，这种政府干预事实上有助于战后全球经济的复苏和发展。不过自撒切尔夫人和里根总统上台之后，一场全球范围的放松管制期开始出现，与此相伴的是新自由主义思潮的盛行。苏联和东欧等社会主义阵营国家以及拉美和非洲等地区，也都在引入各种形式的市场化改革来替代以往僵化的发展体制（李扬、张晓晶，2015）。此外，随着经济和社会的进步，旨在改善劳工标准的各种劳动法律法规以及社会保障制度普遍建立，这些都对员工的劳动环境产生了重要影响。其中一个重要的影响就是，员工组建或加入工会的动力不足，这表现为工会组建率和入会率在全球范围的普遍下降。

上述各层面的变化实际上彼此相互作用，共同影响甚至决定了员工参与的状况以及相关的争论。比如在工场手工业初期，因为技术掌握在手艺工人手中，因此工人在一定程度上享有主导生产和影响分配的参与权（沈文玮，2015）；随着工业化的发展，这些原本能自主管理生产程序，甚至还保有原料并出售产品的独立生产者，逐步沦为终身雇佣工人，一种劳资分立的阶级格局逐渐形成，加上资本主义国家早期阶段奉行的是自由放任主义政策，不再保障工人过上一种“适当的生活”，这最终导致了资本对劳动的剥夺，在这种情况下，开始出现了工会（韦伯夫妇，1959：18～45），即工人往往通过结社的方式来提升其社会力量，这是一种直接参与，但是在企业之外的参与，甚至一度表现出反资本主义或工团主义色彩，以恢复传统的工人对工场的控制权；而随着工会逐渐被接纳并成为国家政治和经济生活中的正式组织，也即开始朝集体化劳动关系转变时，工人的参与也逐渐变成了间接参与，即通过工会或工人代表来实现对工厂的管理；此后，各国社会保障制度的出台，劳动立法的发展以及工会运动的式微，使得以往通过工会来进行的间接参与也在弱化，而另一方面随着现代人力资源管理制度的发展以及员工内部的日益分化，特别是在人力资源或人力资本等新型理论的启发下，各种个体化的直接参与变得丰富起来。简言之，上述三个层面的发展及相互作用的结果是，在企业人力资源管理主导下的个体化的直接参与逐渐成为一种主流模式，而通过工会或工厂管理委员会等方式进行的集体化的间接参与模式则趋于边缘化。

在这一过程中，有关员工参与的研究也层出不穷，这些研究因为价值关怀或学科角度的不同而彼此相异，有研究者提出了四种主要研究角度（Markey and Townsend，2013）：其一是人力资源的角度，关注的是企业绩效，其哲学理念是效率，偏好个体化的参与形式，比如个体性的计划建议；其二是工业关系的角度，关注的是权力与控制，其哲学理念是劳资权力的抗衡，偏好代表性的参与形式，比如集体谈判和工厂管理委员会等形式；其三是工业民主的角度，关注的是企业决策问题，其哲学理念是权利，偏好代表性的参与形式，如工厂管理委员会和职工董事等形式；其四是组织行为学或心理学的角度，关注的是工作设计，其哲学理念是自主性和人性需求，可以是个体的也可以是群体的参与形式。

由此可见，在国外，随着工业化的不断发展，员工参与经历过不同的理念、目标和形式，并且也因此引发了持续的研究和争论，反观我国的员工参与的进程，则表现出显著的独特性和复杂性。

我国有企业民主管理的传统，而且企业民主管理制度一直是中国共产党领导下的企业领导体制的重要组成部分，其思想和实践的源头可一直追溯至革命根据地时期的公营厂矿企业，当时就允许和鼓励工人直接参加企业的经营管理活动，以激发工人的生产积极性，让工人能够以“新的劳动态度”对待厂矿工作，并形成了“三人团”、工厂管理委员会和工厂会议等民主管理形式（中华全国总工会政策研究室，1986：7～8）。在抗日战争和解放战争时期，企业民主管理制度不仅得到普遍推行，而且也在不断探索中得到进一步的发展，其中最为重要的发展就是职工代表会议的出现，这样，企业民主管理就有了两种重要的制度形式，即一方面工人通过其代表进入工厂管理委员会，参与讨论和决定一切有关生产及管理的重大问题；另一方面工人还可通过职工代表会议来对工厂管理委员会的工作进行监督、提出建议（中华全国总工会政策研究室，1986：148～151）。

在新中国成立之后，工人阶级主人翁地位的意识形态宣告、社会主义民主政治的制度要求以及生产资料公有制的经济体制安排等，不仅让企业民主管理制度迅速成为我国企业领导体制的重要组成部分，而且也让企业民主管理观念深入人心，甚至具有了一种不言自明的正当性或合理性。而且，在1950年代中后期，在中央的指示和要求下，企业民主管理制度在形式上发生了一个重要变化，就是用职工代表大会制度来取代以往的职工代表会议制度，并对职工代表大会的性质和职权等都进行了较为明确的规定（王持栋，1986：338～339）。而在1960年代形成的强调工人参与管理的“鞍钢宪法”，后来还得到西方管理学界的青睐，甚至被认为具有“后福特主义”精神，是对“福特主义”那种僵化的、以垂直命令为核心的企业内分工理论的挑战，而且成了当时知识经济在微观组织上的先导（崔之元，1996）。

在改革开放初期，企业民主管理制度很快得到恢复并开始趋于完善，特别是1986年颁发的《全民所有制工业企业职工代表大会条例》以及1988年通过的《全民所有制工业企业法》，对职工代表大会的各个方面做了系统、详细的规定。在一定程度上可以认为，至少从制度规定层面来看，计划经济体制下的企业民主管理制度至此基本臻于完善。

不过，也许是因为我国的企业民主管理制度在很大程度上是以工人阶级作为领导阶级的意识形态为基础，并以公有制作为经济基础，通过政治的方式自上而下确立的，从而缺乏国外为争取工业民主而进行的长期斗争和演进过程，因此，随着改革开放带来的所有制结构和劳动关系性质的转变，这种传统的企业民主管理模式基础遭到削弱之后，企业民主管理或员工参与的正当性或合理性也开始受到质疑。这意味着，计划经济时期的带有政治动员特征的民主参与（吴思嫣、崔勋，2013），需要从政治意义的参与向经济意义的参与回归（张渤、杨云霞，2009），以便让员工能对关系其切身利益的各项劳动条件施加影响。

不过，这个转变过程存在较大的困难或曲折。一方面，如前所述，我国企业民主管理传统主要依托特定的政治经济体制，而这一基础在一定程度上遭到了削弱；另一方面，自改革开放以来，我国经济在很大程度上是以低廉劳动力的优势来参与经济全球化，成为"世界工厂"，在这种处在价值链低端的发展模式下，多数企业都在进行自身的"原始积累"，其对工人的定位往往局限为一种可替代性的生产要素，工厂管理体制也常呈现强制色彩（Lee，1999）。这种强制管理当然会引发工人的不满，而正是这种不满为工业民主或员工参与的转型提供了重要契机。事实上，一方面国家试图将企业民主管理这种传统方式当作协调劳资关系的重要机制之一；另一方面工人（尤其是国有企业工人）在争取自身权益的过程中也会试图延续或借用这种社会主义国家的文化话语或传统（佟新，2006），因此，员工参与也必然成为关注的焦点。另外，随着国有企业逐步建立现代企业制度、民营企业成功跨过“原始积累”阶段以及大量外资企业的发展，国外的人力资源管理理论也开始普遍传播开来，这其中就包括了对个体化员工参与的重视，[①] 虽然这种重视主要是建立在绩效或效率原则之上的。

这样，我们看到员工参与在我国的经济生活中呈现一定的复杂性，似乎将前述国外员工的不同定位和员工参与的不同形态同时糅合在一起，这当中既有本土的企业民主管理传统，也有外来的人力资源管理理念，还有内生的工人利益诉求方式。而对企业民主管理或员工参与的研究也呈现了效率、权利、控制和人性化等不同角度。大体来说，国内学界对员工参与的研究较为集中地体现在四个方面：一是为员工参与的正当性或合理性寻求理论依据，这类研究文献的数量最多，其中不仅有从各种角度出发为员工参与正名的，也有不少针锋相对的观点；二是对与员工参与相关的法律法规和政策规定的研究，这类研究文献大都预设了员工参与的合理性或必要性，然后提出如何从不同方面来加强对相关法律法规的制定和完善，同样，也是存在持反对观点的研究者；三是对员工参与在企业治理中的位置或意义的分析，这里面涉及员工参与的权限和范围等问题，还涉及传统的国有企业治理结构与现代企业治理结构之间的关系问题；四是对员工参与的制度逻辑与变迁的分析，其中主要的争议焦点是我国的员工参与的逻辑究竟是制度化逻辑还是理性化逻辑，也正是在这里，集中了最多的定量研究，即通过对调查数据的统计，来分析员工参与对员工满意度、组织承诺、组织绩效等是否具有显著影响（吴建平，2019）。

---

① 国内围绕企业民主管理存在两套话语体系，其一来自传统的企业民主管理话语，其二来自现代人力资源管理中的员工参与话语。虽然二者在理念和原则等方面存在一定的差异，但至少在实践层面，二者往往具有较高的重合性且相互影响，因此本书不对二者做严格区分，并根据行文语境使用相应的术语。

不过，就国内现有员工参与的研究来说，还是存在一些不足之处，其中较为明显的一个不足，就是我国员工参与的内在特点在很大程度上仍然没有得到较为充分的呈现，即没有对我国员工参与本身，比如参与范围、参与渠道、参与方式、参与权限等，进行深入系统的分析。换言之，员工参与作为工作环境的重要维度之一，本身已经成为一种价值目标，我们不能只是停留在将其作为一种手段或途径，来考察它是否能够带来各种预期的效果，比如能否改善员工的满意度或组织认同感，帮助协调劳动关系，或者促进组织绩效的提升等，更重要的是要将其作为目标本身来考察，系统了解我国员工参与表现出来的结构特点。

而且，为了能够更好地理解当前我国员工参与表现出来的结构特点，还必须结合变迁的视角，即通过考察我国员工参与的制度变迁史，来更好地理解我国当前员工参与的现状。为此，一方面，我们将深入考察我国员工参与的制度变迁史；另一方面，我们也将细致考察我国员工参与的实践变迁史。前者是制度设计层面，后者是制度执行层面，二者共同构成了我国员工参与的总体变迁图景。我国员工参与的制度设计和制度执行是如何变迁和发展的，构成了本书的主要研究问题。

第二节 2007 年和 2017 年员工参与调查

为了回答上述研究问题，我们将从两个方面进行分析。先是在制度设计层面考察我国企业民主管理制度的变迁史，这将追溯到革命根据地时期，并按照不同时期的政治经济特点，来细致探讨企业民主管理制度的产生原因、特点和发展变化，这种考察主要采用文献研究的方法（分析不同时期的历史文献），这些历史文献包括党和政府发布的重要政策文件、法律法规、部门规章以及领导人的讲话等。文献研究的最大优势，是能够追溯早期的历史变迁，而且在文献资料比较充足的情况下，能够呈现制度变迁的不同阶段特点。不过，文献研究也存在较为明显的缺陷，那就是政策文件上的各种制度要求，未必就是现实中的制度实践，也就是在制度设计与制度执行之间很可能出现各种变通或变形的情况。因此，通过文献研究方法概括出来的不同历史时期的制度设计内容和特点，只是构成了员工参与的制度架构，但并不等于实践本身，所以还需要在实践层面考察员工参与的变迁。

针对员工参与的实践及其变迁，我们将主要采用调查研究方法，在全国范围内以城镇就业人员为总体进行抽样，通过问卷调查的方式来收集员工参与的相关数据。为了能够反映员工参与的变迁趋势，必须引入纵向研究的思路，即在不同时间点进行这种大规模的问卷调查，这种思路不仅成本高，而且不可能是回溯性的，所以在操作上，必须以前就一直关注员工参与问题，并已经进行过这种调查，然后才有可能对不同时期的调查进行比较分析。幸运的是，我们先后于 2007 年和 2017 年进行过两次这样的抽样调查，让这种实践层面的变迁研究具有了可能性。具体来说，我们先是在 2007 年针对全国城镇职工进行了一次主题为“中国员工参与状况”的抽样调查；2017 年，我们再次针对全国城镇职工进行了一次主题为“中国城镇居民工作环境”的抽样调查。员工参与被当作工作环境的重要维度，因此也是此次调查的重点内容。而且，在两次调查中，有关员工参与的各项指标基本相同，因此，两次调查的结果，不仅能够让我们把握两个时间点的员工参与状态，而且可以对两次调查的结果进行对比，从而反映出近些年来我国员工参与在具体实践上的变迁趋势。但遗憾的是，这种变迁趋势的概括只是局限在近十多年的时间。两次调查的抽样方法具体如下。

一 2007 年的抽样方法

我们利用国家统计局的年鉴数据，得到了全国 659 个县级及以上城市（不包括西藏的两个城市）2005 年的非农业人口规模（单位：万人，变量名：POP）、年末单位从业人员数（单位：万人，变量名：LABOR）、地区生产总值（当年价格）（单位：万元，变量名：GNP）、城乡居民储蓄年末余额（单位：万元，变量名：SAVE）、内资企业生产总值（单位：万元，变量名：NEP）、港澳台商投资企业生产总值（单位：万元，变量名：TXP）、外商投资企业生产总值（单位：万元，变量名：FEP）和本地电话年末用户数（单位：万户，变量名：PHONE）。

我们利用这些数据计算了五个新变量，分别是：

劳动人口比 LPR = LABOR/POP

人均生产总值 GNPP = GNP/POP

人均储蓄额 SAVEP = SAVE/POP

人均电话数 PHONEP = PHONE/POP

内资比重 ECON = NEP/（NEP + TXP + FEP）

这五个变量再加上非农业人口数（POP）（六个变量）就构成了聚类分析的基础。聚类分析得到五个潜类，模型的分类误差率为 4.85%。每个潜类的属性，如表 1－1 所示。

表 1－1　2005 年中国城市的聚类分析（N＝659）

	潜类 1	潜类 2	潜类 3	潜类 4	潜类 5
劳动人口比（%）	8.50	25.47	5.07	24.90	42.62
人均生产总值（元）	17008.35	30805.04	8490.60	44438.60	88830.29
人均储蓄额（元）	10313.24	24059.70	5154.75	33170.24	57527.13
人均电话数（个）	0.30	0.64	0.17	0.71	1.27
内资比重（%）	79.58	93.90	91.88	67.50	67.37
非农业人口规模（POP）	60.60	38.32	77.49	148.01	62.84
占总体比例	0.30	0.27	0.22	0.16	0.05

第一潜类是经济较不发达的城市，占总体的比例为 30%，年人均生产总值约 1.70 万元，人均储蓄额只有 1 万元左右，劳动人口比重约 8.50%，人均电话数仅 0.30 个，内资比重为 79.58%，非农业人口规模中等（约 61 万人）。

第二潜类是经济中等发达的城市，占总体的比例为 27%，年人均生产总值约 3.10 万元，人均储蓄额约 2.40 万元，劳动人口比重约 25.47%，人均电话数仅 0.64 个，内资比重为 93.90%，非农业人口规模较小（约 38 万人）。

第三潜类是经济最不发达的城市，占总体的比例为 22%，年人均生产总值不足 1 万元，人均储蓄额只有 5000 元左右，劳动人口比重为 5.07%，人均电话数仅 0.17 个，内资比重为 91.88%，非农业人口规模中等（约 77 万人）。

第四潜类是经济较发达的城市，占总体的比例为 16%，年人均生产总值约 4.44 万元，人均储蓄额约 3.32 万元，劳动人口比重为 24.90%，人均电话数为 0.71 个，内资比重为 67.50%，非农业人口规模较大（约 148 万人）。

第五潜类是经济最发达的城市，占总体的比例为 5%，年人均生产总值约 8.88 万元，人均储蓄额约 5.75 万元，劳动人口比重为 42.62%，人均电话数为 1.27 个，内资比重为 67.37%，非农业人口规模中等（约 63 万人）。

本次调查在将全国 659 个城市分成 5 类后，按照分层抽样方法抽取调查城市，每层随机抽选 8 个城市，每个城市随机抽选 10 个居委会，每个居委会按系统抽样法抽选 15 家居民进行调查，每个家庭只能选取一个被访对象，完成一份调查问卷。调查对象为当前有工作的常住户籍人口（不包括离退休人员、流动或迁移人口）。本次调查一共发放问卷 6000 份，最后回收有效问卷 4818 份，有效回答率为 80.3%。由于我们主要考察员工参与，所以将工作单位类型为“没有雇人的个体户”的问卷剔除掉（我们将这类被调查者理解为非通常意义的员工），最后用于分析的问卷为 4696 份（如

表 1－2 所示）。

表 1－2　2005 年不同城市潜类的人口数

城市潜类	城市数（个）	人口总数（万人）	总体比例（%）	样本比例（%）
1	193	10548.13	22.2	20.8
2	181	10929.53	23.0	19.0
3	151	7161.84	15.1	19.6
4	100	15321.59	32.2	21.9
5	34	3558.78	7.5	18.7
总计	659	47519.87		

二　2017 年的抽样方法

在样本规模的确定上，我们根据简单随机抽样下的样本规模估算公式 $n = z^2/4e^2$，设定置信水平 α 为 0.05，误差 e 为 3%，这样大概需要 1000 个样本，但由于采取多段抽样方法，所以需要考虑设计效应（deff）问题，我们把调查的设计效应设定为 6，这样样本量应该是 6000，但考虑到无应答现象，我们需要适当放大抽取样本的规模。我们预设调查的应答率为 75%，调查的样本量应为 6000/0.75 = 8000。再考虑到样本分配中的具体情况，最终确定的样本量为 8100（= 60 × 9 × 15）。具体抽样方式如下。

第一阶段的抽样单位是县级行政区划（市辖区、县级市），抽样框是根据 2010 年国家统计局公布的《第六次全国人口普查（分县）数据》制作的，总共有 1226 个县（市、区）（除去了新疆和西藏两个省份）。我们按照 PPS（Probability Proportional to Size 和规模等比例的概率抽样）的原则，随机抽取了 60 个县（市、区），分布在 24 个省、自治区、直辖市，其中样本数量最多的是湖北省（抽中了 5 个），样本数量最少的是云南省（只抽中 1 个）。

第二阶段的抽样单位是社区居委会，同样按照 PPS 原则，在每个被抽中的县（市、区）抽取 9 个社区居委会，这样原则上一共抽取540个社区居委会。但在实际抽样过程中，有的社区居委会人口规模较大，我们进行了分割处理，因此，同一个社区居委会可能被重复抽中，这样最终实际抽取的是529个社区居委会（但构成了540个抽样单位）。

第三阶段的抽样单位是家庭户，包括了户籍登记的家庭、集体户以及各类集体居住点。在抽取出了社区居委会后，我们实地派出调查员制作街区地图，形成住户地址表，构成三级抽样框，然后采取简单无放回随机抽样原则抽取15户，这是统一用计算机程序从抽样框中进行随机抽取的。

第四阶段是入户对被访者的抽取，在被抽中的家庭中，所有16岁及以上的家庭就业成员构成第四级样本框。访问员借助问卷首页上的调查对象选择表（Kish选择表）从户内成员中抽选出被访者。不过，对于集中居住点，我们以10人为界限，若总人数小于等于10人，采用Kish表进行户内抽样；如果人数大于10人，按照取中原则，即在所有合适的被访者当中，抽取年龄位于中间的个体作为被访者。如果抽中对象同意接受访问，则开始进行问卷访谈。如果因拒绝接受访问或其他原因导致访问失败，访问员不得在户内替换抽中的被访者，而应在入户情况登记表中注明失败原因，然后开始下一个地址的入户工作。

由于实际调查中存在的各种误差（特别是拒访和作伪），我们最后获得的有效问卷数是6873份，有效回答率为84.9%。同样，根据分析的需要，我们剔除掉被调查者回答其工作单位类型为“没有雇人的个体户”的问卷，最后用于分析的问卷为5693份。

第二章　有关员工参与的研究

第一节　国外有关员工参与的研究

一　员工参与的界定

员工参与（employee participation）是一个内涵和外延都非常丰富且复杂的概念，或者在很大程度上是一个其指称内容较为宽泛而模糊的概念，这种指称内容的宽泛性或模糊性直接表现在概念表述的多样化上，与其类似的概念还有员工投入（employee involvement）、员工表达（employee voice）、组织民主（organizational democracy）和工业民主（industrial democracy）等。

这种概念用词上的不同，表达出了多重且常有差异的含义：从管理者与员工的共同决策到向员工进行的各种咨询，甚至与员工很有限的信息分享或非正式性的沟通，也折射出不同政治经济体制对员工参与的理解的差异，比如在美国倾向于使用“员工参与管理”，而且其倡导的参与管理不太重视正式的权力关系和结构，他们设想的参与主要是发生在正式的官僚体制里的面对面的互动关系。他们之所以倡导参与式管理，是为了将其作为让工人不参与工会的手段（Strauss and Rosenstein，1970）。但是，对于一些欧洲国家来说，“参与”一词听起来有种被操纵的感觉，因此他们倾向于使用“工业民主”、“自我管理”或“工人控制”等词，以表明工人有实质权力（Strauss，1979）。

此外，用词上的差异也反映出不同研究者及其背后的学科传统或视角之间的理解或定义差异（Markey et al.，2010）。比如有些研究者从最为广义的层面来理解员工参与。认为只要员工被告知了有关工厂运行的系统信息，或者他们被要求参与到某一建议性的方案中来，那么就构成了一定程度的参与（Globerson，1970）。但也有研究者认为，“员工表达”或“员工投入”更多的是种被动性参与，而真正的员工参与应该是主动的，能够对其工作或雇佣条件施加影响（Markey et al.，2010）。因此，员工参与应该指那些围绕工作和工作场所问题，员工参与决策的各种形式（Knudsen et al.，2011），甚至更进一步说，真正的员工参与应该是一种让员工能对其工作以及工作条件施加某种实际的影响的过程，而不能只是一种有影响的感觉（Strauss，2006）。

换言之，关键问题也许不在于采用了什么词语，而在于这种行动对行动者究竟有何意义，它能否在工作场所中带来一些变化。围绕这一问题，相关研究者争论了上百年，并且随着产业结构和管理范式以及政治经济和社会环境的变化而变化，因此，员工参与的内涵或指称的内容，也随着政治经济环境和劳资力量的变化而变化（Markey et al.，2010）。以美国为例，在早先阶段，“工业民主”或“员工参与”通常是指集体谈判，即其对员工参与的理解比较多的是围绕工业关系的冲突及表达展开的，他们预设劳资之间存在利益冲突，认为通过一种正式的结构，这种分歧就能够解决（Strauss and Rosenstein，1970）。更进一步说，工会被认为是提供这种参与或表达的最好机构，甚至有研究者认为，独立于资方的工会的存在是员工真正参与或表达的前提，不过，随着现代人力资源管理的兴起，员工参与或表达的概念也得到了拓展，从原来单一性的代表性参与，拓展为多种渠道的参与，这样，参与不仅包括了员工向管理层进行抱怨或表达，也包括了组织决策的参与（Dundon et al.，2004）。不仅如此，甚至出现了参与形式的重要转变，即从集体的（通常是以工会为基础）参与形式向个体的（通常是管理层主导下）参与形式转变（Knudsen et al.，2011）。这种变化也同样发生在英国，韦伯夫妇很早就认为“工业民主”是以工会和集体谈判为基石的，但英国自1970年代起，工会会员数下降，政府又采用了新自由主义的方式对劳动力市场去管制化，在这种情况下，员工参与主要是由管理层驱动的，其目的是服务于雇主的目标，即提高生产效率和工作灵活性，同时也满足了员工想要参与与其直接相关的事务的需要，这样，让员工感觉到被管理层重视，能够获得更多信息，有机会学到新东西等（Markey et al.，2010）。

在某种程度可以认为，过去两百年来针对发达市场经济国家的员工参与的讨论，起初主要集中在以工会为主要代表组织的参与形式。但随着工会会员人数的不断下降以工会为代表的集体谈判的重要性也在下降，加之工会代表与会员之间的鸿沟也在扩大，于是研究者越来越关注与工会无关的员工代表的参与（non-union employee representation）问题（Bull et al.，2013）。

虽然研究者对员工参与的理解存在分歧，但他们的理解也存在一些共性特点。首先，员工参与发生在存在雇主或管理者与员工的区分且前者享有决策特权的组织结构之中（Knudsen et al.，2011）；其次，由于这种组织结构的普遍存在，员工参与也具有普遍性，几乎存在于所有人类组织中，即无论其所处的是何种社会政治体制，是私营企业还是公共部门，是东方的组织还是西方的组织，无论是提供产品还是提供服务，只要组织是按照科层制的方式组织起来，存在高层的管理职能和下属的执行职能的区分，那么就存在参与问题（Globerson，1970）；最后，员工参与并不是一个可以做出明确区分的概念，而是存在着程度、形式、内容等差异。在这种情况下，员工对管理和决策的影响是不同的。所以，不同研究者在主要研究目标上具有相似性，就是要确定，通过什么样的方式让员工参与可以合法地发生在组织决策中，以及员工参与是否能改善组织绩效和员工福祉（Markey et al.，2010）。

正是因为员工参与的这种复杂性，所以我们在考察员工参与时，应该进行综合性的考察，正如有研究者所指出的，对员工参与的考察，既要考察其“外在形式”，也要考察其“内容”。因为经验调查表明，在有些工厂中，管理者和员工认为他们有一套精细的参与制度，但实际上其是一种低层级的参与。相反，在另一些情形中，管理者和员工都不认为自己有参与，而事实上却存在相对较高层级的参与（Globerson，1970）。此外，参与具有的循环特性也需要我们对各种情形的参与进行细致考察，因为即便是最轻微意义上的信息知晓层面的参与，也可以让员工对企业的情况有所了解，这为他们提供了一些机会直接或间接的对这些情况产生影响，而这种影响将会提高员工的投入度，并强化其认同感，从而带来更高程度的参与（Globerson，1970）。

总之，员工参与是一个内涵非常丰富的概念，本书将对其进行最为广义的界定，指员工围绕其工作和雇佣条件所进行的各种类型和程度的参与，涵盖了从最低层次的信息知晓到各种正式或非正式的议论、表达和沟通，直至最高层级的决策参与。不过，不同类型的员工参与之间显然存在效果和意义上的差异，所以为了能更好地理解员工参与，还需要对其进行细致的类型分析。

二　员工参与的类型

对员工参与进行类型划分时，存在很多参照标准，比如根据参与的组织层级可以将员工参与分为个体层面的参与，如工作质量的改善；小团队层面的参与，如自主性工作团队；部门层级的参与；工厂层级的参与，如各种工厂委员会；公司层级的参与，如德国的共决制；产业层级的参与，如欧洲的产业集体谈判；以及国家层级的参与（Strauss，1979）。

又比如，可以根据参与的制度化程度，即员工参与是否有正式的制度规定，将其分为三种类型。其一是低层级的制度化参与，就是志愿性和非正式性的参与，比如美国的参与式管理，也有研究者将其表述为志愿性（voluntary）参与。其二是中等层级的制度化参与，这种参与出现在管理层与员工就参与的内容和形式达成协议时。其三是高层级的制度化参与，这时，法律对参与的形式和内容进行了明确的规定，所以也将其称为规定性（mandated）参与，比如南斯拉夫的工人自治，或西德时期煤钢产业中的共决制。不过，参与的制度化程度往往是同参与领域相关联的，比如法国，在利润分享方面，参与的制度化程度较高，而在决策上，其参与的制度化程度较低，但在西德则恰好反过来，在决策上的参与制度化程度较高，而在利润分享方面则较低（Globerson，1970；Dundon et al.，2004）。

相对而言，更多的研究者关注如下三种类型的划分标准。

首先，是参与的领域（subject matter/scope）。从与员工直接相关的问题（如工作或任务有关的操作环节），到高层级的属于管理者特权的企业战略议题等（Knudsen et al.，2011），都可以是员工参与的领域，比较常见的重要领域包括工资和经济议题，雇佣条件（工作规章、安全、解雇、工作计划），福利活动，工厂运营（生产和成本削减、质量控制）（Strauss，1979；Globerson，1970）。

其次，是参与的形式（forms）。主要区分为三种形式。一是直接的个体性参与，主要是员工围绕自身工作岗位进行的各种旨在改善其工作质量的参与，比如与上级的沟通或申诉，其目的是向管理层指出某一特别问题，包括个体的不满，通常是通过申诉或向上建议的方式来表达。二是直接的集体性参与，比较典型的就是各种工作团队参与，其目标更多的是为了组织绩效的改善；三是间接的代表性参与，典型形态就是工会代表或员工代表参与的集体谈判或工厂委员会（Knudsen et al.，2011），这种参与为员工提供了一种制衡管理层的权力或机会。

不同的研究者对参与形式有不同的偏好，比如人际关系学派注重的是直接参与。也有研究者认为，间接参与在维护工人经济利益时可能更有效，且能给工人一种权力感，不过，当参与通常由员工代表来执行时，由直接参与带来的投入感和承诺感也就会消失（Strauss，1979）。这种参与形式偏好的差异尤其体现在不同国家或政治经济体制中，比如美国（或许在一定程度上受人际关系学派的影响），更多的是基于非正式互动的方式来理解参与，即参与被当作一种管理风格。而在很多欧洲国家，参与更多的是基于正式的机制（代表性的方式），对决策施加实质性影响（Strauss and Rosenstein，1970）。

一些调查研究显示，自20世纪80年代起，由于会员数或建会率的持续下降，通过工会进行的代表性参与，以及联合协商和集体谈判等代表性参与，在覆盖面上都呈现下降的趋势。直接的个体性参与则日益普遍，从这个意义上来说，尽管国外的工会力量普遍在减弱，但在员工是否失去表达或参与机会的问题上，可以明确地说“不是”（Dundon et al.，2004）。

最后，是参与的程度或权限（depth/strength）。主要是指员工对决策所具有的影响力或权力，比如有的研究者将其区分出了三种类型，一是联合协商（joint consultation），管理层有最终决策权，但工人有知情权、建议权和反对权，多数欧洲国家的工厂委员会属于这种类型；二是联合决策（joint decision-making），劳资双方具有同等权力，在行动之前，需要征得各方的同意，集体谈判通常属于这种类型，此外，德国煤钢产业中的共决制也属于这种类型；三是工人控制（workers' control），工人或其代表有最终权威，其典型形态就是南斯拉夫的工人自治。唯有在后两种类型中，工人有正式权力，第一种类型则取决于管理层的意愿，而实际上管理层往往是忽视工人要求的。因此，许多英国批评家将其看作一种虚假参与，一些左派人士认为它是无意义的（Strauss，1979；Strauss and Rosenstein，1970）。也有研究者在此基础上增加了另外两种程度的参与，即无参与（no involvement）和知情权（receiving information）（Knudsen et al.，2011）。

不过，与这种纯粹权限大小的区分相比，有研究者则从分析性层面对这些不同程度的参与做出了区分，比如卡罗尔·佩特曼

(2006：66~67）将参与分为三种类型，其一是“虚假（pseudo）参与”，这种参与只不过是一种管理技术，管理者已经有了特定的目标和决定，让员工讨论或参与只不过是作为促使员工接收其目标的手段而已，换言之，这种参与更多的是种说服员工的技巧而不是决策的方法；其二是“部分（partial）参与”，员工能够对决策产生影响但不具有与管理层同样的权力，最后的决策“特权”仍掌握在管理者手中；其三是“充分（full）参与”，员工具有与管理层同等的权力。这种区分抓住了那些被贴上员工参与标签的组织行为的实质内涵，揭示了其是“没有诚意的”或“被操纵的”参与，不过在现实中，要做出这种区分也存在一定的困难，比如在知情权或协商中，也许决策已经做出，但管理层可能因为员工的参与而做出改变（Knudsen et al.，2011）。

与佩特曼的分析性区分类似，也有研究者区分了三种不同参与类型，其一是工业民主（industrial democracy），这种类型与佩特曼的充分参与相对应，他们认为这种参与基本不存在于资本主义社会的主流组织中；其二是员工参与（employee participation），这种参与以经由立法或集体谈判授予工人的权利为基础，主要通过集体的、间接的参与（各种类型的员工代表或工会代表）来实现，这种参与类型相当于佩特曼的部分参与；其三是员工投入（employee involvement），主要是由管理者推动，旨在于提高员工的工作积极性和组织承诺，以此来改善组织效率的参与形式，而且这种参与通常是直接参与（可以是个体性的，也可以是团队性的），这种参与类似于佩特曼的虚假参与（Knudsen et al.，2011）。对有些研究者来说，考虑到参与应该意味着员工在决策方面具有一定的影响力或权力，所以应该将员工参与和员工投入区分开来（Lansbury and Wailes，2008）。

当然，上述各种类型的划分往往是相互交织在一起的，比如针对不同的参与领域，会有不同的参与形式，并且其参与的程度也是不同的，而且无论是领域，还是形式，抑或是程度等，都是随着政治经济环境的变化而变化的，因此，非常有必要对员工参与的历史发展进行考察。

三　员工参与的历史

以老牌资本主义国家英国为例，从19世纪后半叶起，直至第一次世界大战之前的半个世纪里，其实已经出现了好几次员工参与浪潮，其间就出现过调解和仲裁程序、集体谈判制度、甚至利润分享等各种参与形式。当然，这半个世纪里出现的员工参与浪潮，更多的是雇主因市场压力而做出的妥协，一旦市场朝有利于雇主的方向发展，这些员工参与很快就会被削弱。比如，有研究者对一家公司自1860年代至第一次世界大战期间实行的利润分享模式考察后指出，雇主发起这种参与模式的动机并非是慈善或博爱，而是为了应对越来越糟糕的劳动关系，以改变工人对公司的看法，这是一种新的、更为微妙的剥削和压迫形式，甚至发展到任命选举出来的工人董事的阶段；研究者进一步指出，利润分享不过是用“企业意识”替代“阶级意识”，而一旦这种方式失败了，那么雇主也会采取其他方式（如团队合作），因此，在一定程度上可以说，包括利润分享在内的早期员工参与，不过是排斥工会的家长制管理模式的一种扩展而已，所以，我们今天看到的许多所谓的“新方法”中的一些参与要素，其实早在19世纪时就出现了（Ramsay，1977）。

到第一次世界大战时期，随着工会会员数量增长迅速，工人阶级意识也达到了前所未有的顶点，革命工团主义、基尔特社会主义和费边社的民主社会主义等思潮也不断涌现，尽管这些思潮存在差异，但都要求一定程度的工人控制权，并对资本主义进行批判，这给资本家带来了恐惧感。也正是在这种情况下，一份关于“战后产业处境”的报告建议，应在每个企业成立一个由劳方和资方代表组成的联合管理委员会，同时在每个产业也组建这样的联合管理委员会或者全国性的产业委员会。后来，在惠特莱（J. H. Whitley）的领导下成立了惠特莱委员会（the Whitley councils），在其顶峰时期，该委员会号称覆盖了350万工人。当然，也有研究者批判这个委员会，认为它也不过是雇主的一个工具，在工会强大的地方，或者当雇主觉得它不能站在自己的立场去处理劳资事务时，这种委员会就难以为继了（Ramsay，1977）。

第二次世界大战的军备发展在一定程度上缓解了经济大萧条，但也为管理层带来了新的挑战，因为资本家并没有提供其许诺的充足的工作岗位，而且惠特莱委员会破坏了罢工活动，导致工人工资被削减，所以第二次世界大战前基层工会已经积聚了力量，不过，战争还是凝聚了一定程度的社会共识，出现了一种新型的合作制度，即联合生产委员会（Joint Production Committee），这是一种带有劳资联合协商（joint consultation）性质的委员会，由于工资福利方面的议题主要经由集体谈判解决，所以该委员会主要讨论的是“与生产和提高效率相关”的议题。由于政府只是强烈建议而非强制要求组建这样的委员会，尽管这种委员会对雇主具有一定吸引力，但存续时间并不长。至1960年代初，在其发源地的工程业中，也只有1/5的企业保留了这种委员会（Ramsay，1977）。

自1960年代中期起，利润率下降明显成为一个事实，英国的工业在国际上的竞争力也在下降，而1967年的货币贬值终于激发了对商业的心理崩溃，在这种背景下，一种新的员工参与形式迅速发展起来，即生产力谈判（productivity bargaining），其核心议题是劳动工资和收入政策，因为唯有生产力得到提升，才能增加工资收入。至1970年代初，这一计划达到了顶峰，工人得到鼓励去提高生产率，从而为其自身工资的增长创造条件（Ramsay，1977）。

其实，自工业革命以来，员工参与的思想就一直存在，前面只是以英国为例简要介绍了这种发展历史，而从发展的主流来看，第二次世界大战之后，员工参与理念在世界范围内得到普遍实施，无论是发达国家，还是新兴国家，不管是多元主义民主国家，还是一党执政国家，都在根据自身的政治经济结构特点，实施各种类型的员工参与。之所以出现这种观念上的趋同性，是因为不同国家几乎一致地认为，员工参与不仅在道德上合意，而且也能降低异化、提高士气；更进一步，还能提高生产效率，促进工业和谐，提高人力资源；如果有工人运动，那么员工参与能减少劳资冲突；在发展中国家，员工参与还可以帮助发现和培训潜在的管理者（Strauss and Rosenstein，1970）。

总体上看，第二次世界大战后，出现了较为明显的三次员工参与浪潮，在每一次浪潮的顶峰时期，员工参与都几乎成为一种时尚。

第一个阶段发生在1940年代后期至1950年代，被称为人际关系阶段，受此前霍桑实验的启发，管理者认识到非正式群体和全体决策的重要性，以及非金钱激励与金钱激励同样的重要性，所以需要倾听工人的诉求、关心工人的情感，这也让组织行为学成为商学院必需开设的课程，这一阶段正式的参与制度较少，更多的是非正式参与的设计，其中的例外就是德国早期的共决制度（Strauss，2006）。

第二个阶段发生在1960年代后期至1970年代，被称为工作再设计阶段，当时，虽然一些欧洲国家建立了各种版本的共决制度，但这种制度在欧洲引起了很大的争议，而且在像美国这样的国家几乎没有这种制度需求。这个阶段与前一个阶段相比，主要受到马斯洛的需求理论的启发，开始更多关注个体的心理需求和动机，此外，这一阶段对员工参与的重视也与当时的社会骚动相关。在美国，蓝领工人开始抵制那种枯燥无味的常规性工作，这在一定程度上是因为更为年轻的、受教育程度更高的劳动力的出现。在这种处境下，许多组织开始试验各种改善工作生活质量的办法，与第一个阶段强调非正式参与相比，这个阶段的创新包括了在工作设计上的一些正式变革，强调了工作内容的丰富化（job enlargement/enrichment）和自主性的工作团队（autonomous work groups）（Strauss，1979）。这些直接性的参与形式具有更高的灵活性，让员工能够对其工作拥有更大的自主权，员工与管理层有了更多合作，在决策和福利上也有了更多参与。为此，有人用“互利型企业”来描述那种采取了广泛的、整合的参与方式来满足员工需要的企业（Lansbury and Wailes，2008）。此外，在美国汽车产业中，集体谈判和集体合同也催生了大量的工会与管理方的联合协商委员会，涉及安全、工作设计、酗酒和吸毒以及培训等内容，与前一阶段相比，这一阶段更强调权力的平等（Strauss，2006）。

第三阶段发生在 1990 年代初，被称为团队合作阶段，在美国，此次浪潮主要是由管理层掀起的，因为他们受到了来自日本生产方式的挑战，于是他们学习日本的经验和模式，其中主要就是各种形式的团队合作。这种情形也发生在欧洲。甚至有种说法是，美国从日本引进了工作团队，而欧洲则从美国引进了人力资源管理（Strauss，2006）。另外，在这个阶段，还有一种特殊的参与形式也逐渐凸显出来，那就是员工持股，虽然员工持股计划在 1980 年代就出现了，但直至这个阶段，才变得流行起来。但是有些工会倾向于认为员工持股只是给员工制造了一种所有权的幻觉而已，没有任何实质控制权，它不过是管理者的一种技术手段来取代超额奖励计划，降低工会影响力或削减工资支出（Lansbury and Wailes，2008）。

当然，不同国家对员工参与感兴趣的原因是有所差异的，比如在英国，其主要支持力量来自工人群体，因为他们对国有化及工党不再抱有幻想；在法国则相反，戴高乐在其后来的主政时期就试图引入员工参与，这被认为是在试图为其执政设计一种新形象，以便赢得日渐激进的学生和工人的支持；在德国，共决制则被看作一种将民主引入工业生活的途径，而且这种引入能取得成功，也是多方利益共同作用的结果；在一些共产主义阵营国家中，特别是南斯拉夫，政治领导人则试图运用员工参与来实现经济生活的去集权化和自由化；在阿尔及利亚和其他发展中国家，员工参与则通常被看作国家发展的途径，比如培训管理层和动员工人对现代化的支持，并被用来激发经济的活力，同时也引入工业纪律；在印度，由政府发起的参与则是甘地的温和理念在工业中的体现；在某些情形下，员工参与甚至主要被用来服务政治，以解决一些难题（Strauss and Rosenstein，1970；Strauss，1979）。

还有研究者更细致地区分了不同国家不同时期推动者的差异。1960 年代后期和 1970 年代初，许多发展中国家通过国家机关来推动直接参与，以此作为使工作“人性化”和减少工业冲突的手段。而自 1980 年代初起，人们越来越多的关注直接参与所带来的经济益处，管理层也走在了推动员工参与的前列，例如，1980 年代，许多国家都试验了日本式的联合协商。1990 年代，人们认为，员工投入和直接参与是高绩效工作体系（high performance work systems）的关键所在，这也引发了管理层对各种员工投入形式的高度兴趣。有研究者将这种对工作组织中人性因素的“再发现”看作对日益增加的国际产品市场竞争压力的一种反应。管理层越来越认识到，需要吸引员工投入，给他们更大的工作自主权和更多的承诺，从而让组织变得更具灵活性和生产性（Lansbury and Wailes，2008）。不过，更有意思的是，有研究者发现，总体上，员工参与的推动者更多的是来自知识分子、宣传者和政治家等，而不是来自基层的工人，虽然取消员工参与可能会引发工人的强烈抵制，但几乎没有证据表明，参与的推动曾得到了基层工人的支持（Strauss and Rosenstein，1970）。

员工参与的历史表明，政治经济体制的变迁直接影响了员工参与形式和内容的变化，当然，这其中也有一个重要的中介因素，就是不同的社会思潮或学说，其基于特定的政治经济体制特点，对员工参与有不同的理解或期待，对现实的员工参与产生了重要影响，因此我们需要对员工参与背后的理论基础进行考察。

四　员工参与的理论基础

为什么要让员工参与，这是一个争论了数百年的问题，对于这个问题的回答，可谓仁者见仁、智者见智，既有理论的推理也有经验的探索，既有实然的分析也有应然的阐发，这其中的种种差异很明显地体现在不同学科传统差异上，有研究者区分出了员工参与研究文献中存在的四个不同学科传统或理论视角，我们将在他们的学科分类基础上对不同的理论基础做进一步的阐述（Wilkinson and Fay，2011）。

第一类学科视角是人力资源管理。该视角主要关注的是组织绩效，遵循效率的理念，比较青睐个体性的参与形式。这种视角自 1980 年代以来得到了显著的发展，从这种视角看来，通过员工参与，可以帮助企业制定出更好的决策，同时也让员工更好地理解企业并提高对企业的组织承诺。其具体的机制是，通过员工参与并高度评价其贡献，可以改善其态度和行为，提高忠诚和承诺，从而减少偷懒，促进团队合作，提高工作绩效；此外，通过听取和吸收员工的想法、知识和经验，让信息能得到更广泛的传播，可以改善各项管理制度；而且员工也会进行专用性的人力资本投资。简言之，这种视角将员工参与当作提升员工承诺和工作满意度的手段（Knudsen et al.，2011），所以，在一些批判性的研究者看来，这种员工参与并不意味着真正的权威或权力的分享，尽管管理者给员工提供了一些参与形式，但由于表达与决策之间并非总是有关联的，实际上可能是有表达而无影响。

第二类学科视角是工业关系研究传统。该视角主要关注的是权力和控制问题，强调权力制衡的理念，工业关系研究者较为关注的参与形式是代表性的集体谈判、工厂委员会等，而且工会通常被认为是最好的代表性组织，不过随着工会组建率的下降，非工会的代表性参与或表达也日益得到重视，此外，在这个传统看来，员工参与对企业和员工其实都有益处。

第三类学科视角是政治科学。该视角主要关注决策问题，倡导工业民主或者权利理念，也强调代表性参与模式，在这个研究传统看来，参与是一种基本的民主权利，与此相关的是人的表达自由和尊严等理念，而且政治科学的研究者更进一步认为，工作场所中的民主或参与也是为了让员工得到民主的训练，从而能在更为广阔的社会舞台上发挥作用。从研究传统来说，又可以进一步将此学科视角分为两大类。一是与工人运动及社会主义思潮相联系的工业民主传统，在过去的150多年里，工会和工人政党在这方面发挥了重要作用，为工人争取了很大参与权，尤其是集体谈判、工厂委员会和董事会层面的代表权（Knudsen et al.，2011）。二是与现代民族国家对经济领域的干预相关，即国家通过法律来支持一定程度的员工参与权，以缓解来自劳工运动中激进潮流的压力，避免出现严重的工业冲突，促进社会整合，甚至以此来达到特定的政治或行政目标，这种传统比较多地体现在发展中国家，发展中国家为了尽快实现工业化目标而采取积极的干预，这其中一个重要的干预就是建立适当的员工参与制度。

第四类学科视角是组织行为学或心理学。该视角主要关注的是工作再设计问题，通过对工作具体内容的重新设计，让员工在工作过程中不再感到枯燥，从而更进一步发挥员工的自主性，让其心理需求得到更大满足，这个传统倾向于那种具有一定程度工作自主性的团队或群体的参与形式。

当然，上述是种理想化的分类，实际上不同学科视角之间往往是相互影响的，因此彼此之间并非完全的对立，且常常会有一些共性特点或融合趋势。此处以主要站在工人立场的社会主义学说和主要站在管理层立场的人际关系学派之间的比较为例，二者虽然立场不同，但有共同的关注问题，即在现代工业社会中，基于行政管理理性化的需要，都将采取官僚制的劳动分工体制作为技术上最有效率的控制手段，但这种情况下，工人将越来越缺乏对其工作及工作环境的控制权，其结果不仅引发管理者与被管理者之间的结构性紧张，而且还有引发劳动异化的结果，所以，二者都试图通过引入员工参与，来对这种异化结果进行修正（Loveridge，1980），以减少工人的失范和无力感以及缺乏工作投入感等负面情形，或者说二者共同的愿景是通过员工参与来减少冲突，提高士气和生产效率（Strauss and Rosenstein，1970）。当然，二者之间的差异也是明显的，人际关系学派相对不太重视正式的权力结构，而主要关心面对面的关系或者说各种非正式制度，在其看来，组织内的冲突是可以通过良好的人际关系来解决的，只需要参与者能够以真诚的、令人信任的方式行事即可；而社会主义学说更关注正式制度，比如所有权和代表权问题，所以其分析框架更多的是政治性的而非心理性的，不过，或许受到了人际关系学派的影响，社会主义学说后来也开始关注员工的群体认同和承诺问题（Strauss and Rosenstein，1970）。

其实，即便是同一种学科视角或同一种社会思潮内部，对员工参与的理解或期待也会存在分歧，并且会随着时代的变化而变化。以社会主义思潮为例，早期改良主义的社会主义者，比如英国的费边社和德国的修正主义者，就不支持工作场所中工人管理的理念，认为这与效率不兼容，在他们看来，社会主义主要是要实现对经济的公共管理，而不是对个体工人工作岗位的变革，甚至在这种对直接的工人管理的拒斥的背后，隐含着对工人的不信任，即不信任他们会优先考虑公共利益，所以，早期的改良主义者并不鼓励任何形式的工厂委员会。进入 20 世纪后，改良主义者从经验中发现，企业最终的管理权无论是掌握在政府手中还是私人手中，工作条件都不会有太大的变化，在这种情况下，劳资联合协商的思想也就在他们当中变得流行起来（Strauss and Rosenstein，1970）。

与上述关注多学科之间的区分和比较不同，也有研究者从历史发展的角度专门考察了社会学对员工参与的分析脉络，认为社会学对员工参与的理解经历过较为明显的三个阶段（Lansbury and Wailes，2008）。

起初，研究者对员工参与的研究采用了一种演进的（evolutionary）视角，认为员工参与是与“工业民主”观念密切相关的，将其看作“民主潮流”从政治领域扩展到经济和工业领域的结果。在该视角看来，政府对工业关系越来越多的介入及相关立法的日益增加、技术的进步、熟悉人力资源管理技术的管理精英的崛起以及越来越多受过教育的工人群体的价值和期望的变迁等，这些都将有助于促进员工参与和民主的发展（Lansbury and Wailes，2008）。不过这种乐观主义的视角很快就遭到了质疑，被认为是一种乌托邦式的看法。因为其没有关注到不同的权力关系模式，这实际上会限制员工参与的发展。更为重要的是，这种视角难以解释，如今由管理层发起和主导的直接参与无论在数量上还是在类型上都在显著增加、同时组织化的工人以及对劳动力市场进行保护的政府条例的力量都在减弱的情况。

在上述情形下，出现了循环的（cyclical）视角。事实上循环的视角是在批评演进的视角的基础上发展起来的，采用此视角的研究者就特别批判了此前员工参与研究存在的两个严重问题（Ramsay，1977）。一是脱离了工作和社会中真正的关系结构，并且完全缺乏历史意识；二是提供了一种目的论式的历史叙述，即认为最终将会演进为普遍性的参与式结构。而对英国的员工参与发展史的考察表明，管理层对于各种员工参与形式的采纳或拒斥，其实表现出一种循环特性。即当工人拥有挑战管理层特权的力量时，他们就采纳某些参与形式；而当工人的力量变弱时，或者经济压力上升时，他们就不支持参与了。循环视角直接挑战了演进视角的那种乌托邦式的看法，并让人们注意到员工参与的特定历史和社会环境的重要性（Lansbury and Wailes，2008）。

不过，也正是对历史和社会环境的日益关注，开始出现了一种新的社会学视角，即多元（multivariate）视角。这种视角与传统的工业关系视角以及历史解释（关注各种事情是如何在特定时刻走到一起的）相一致，因此其非常关注引发员工参与形式变化的特定历史环境，强调这种变化是诸多变量相互作用的结果，比如不同行动者（包括工人、政府以及管理者）的力量，以及外在于企业的制度性力量等。多元视角虽然关注到了影响员工参与的广泛因素，但这也在一定程度上带来了局限，即没法在不同变量之间建立起因果关系，这也就可能变成只是一种精细的变化不定的框架，从而不能对员工参与的不同国家模式提供一般性洞见（Lansbury and Wailes，2008）。

总的来说，围绕员工参与的理论分析非常丰富，其共同关注的是员工参与的意义或价值，并以此为依据为其辩护或反驳。具体来说，这些理论从不同层面探索员工参与能否改善员工福利、提高员工满意度；能否提升员工认同感、增进企业绩效；能否调节工业关系，促进社会稳定；能否提升政治效能感，增进社会民主；甚至员工参与是否本身就是一种值得追求的价值；等等。这样，也就有大量研究者尝试为员工参与的效果和意义寻求经验支撑。

五　员工参与的效果和意义

一般而言，人们最关心的是员工参与能否改善员工福祉或者提高组织绩效，也的确有很多研究者试图用经验数据来检验它们之间的相关性，甚至一些相互对立的理论立场，比如新马克思主义者和新自由主义者，也都认为员工参与决策和工作自主性是影响员工福祉的关键因素（Kalleberg et al.，2009）。不过，随着研究的深入，研究结论也变得复杂起来。

人们期待的结果自然是员工参与对员工福利和组织绩效都有积极影响，一些经验研究似乎也提供了支持性的证据。比如，有研究者就认为，参与能够让员工体验到重要感、自豪感、成就感和自由感，而且在这过程中有机会分享更多的信息，并在决策时成为协商者和伙伴，数据统计结果显示，工作投入度或参与度都会对工作满意度产生正向影响（Singh and Pestonjee，1990）；另有研究者指出，员工个体的直接参与往往比工会更能促进工作满意度的提升，参与的机会与组织承诺密切相关，尤其当员工与其直接管理者的关系良好，或对高层管理者信任的情况下，更是如此（Wilkinson and Fay，2011）。心理学家也强调，通过赋予员工工作自主权，可以改善员工的精神和心理健康，经验研究也表明，员工参与可以提高员工的组织承诺、工作满意度和组织公民行为，降低怠工、不满和离职等情况发生的概率（Kalleberg et al.，2009）。

也有研究者从组织绩效层面论证了员工参与的积极影响，并指出员工参与得以发挥作用的过程：首先，当管理者重视员工意见时，能够改善员工的态度和行为，包括其对组织的忠诚和承诺；其次，因为忠诚和承诺的提高，也就能降低员工流失率，加强合作，这能带来更高的生产率；最后，员工可以建言献策，改善管理制度（Markey and Townsend，2013）。

还有研究者从工作生活质量或工作环境质量的角度分析员工参与的积极意义，与此前强调较为狭隘的物理意义上的健康和安全不同，工作生活质量意味着不只是要预防与工作相关的伤害和疾病，还要让工作条件能够满足人的福祉和发展的需要，尤其是要改善“工作的心理 - 社会环境”（Knudsen et al.，2011）。员工参与被认为是给员工提供更好的工作、生活质量且同时会提升组织绩效的策略（Markey et al.，2010；Markey and Townsend，2013；Ross，2013）。

不过，也有不少研究者不同意上述乐观结论，甚至得出相反的结论，比如以质量小组（quality circle）这种较为常见的直接参与形式为例，有研究者认为通过这种参与，能提高员工对企业的认同，提高企业生产效率和竞争力，并能加快企业技术更新速度；但也有研究者认为，也许质量小组能够带来一些变化，但对企业整体的生产率和员工工作积极性的提升作用并不明显；更有研究者通过追踪研究发现，这种参与方式在观察初期对员工工作积极性和企业效率有一定提升作用，但长期来说并没有显著效果，这是因为员工的兴趣或者管理者的关注给员工带来的良好感觉在慢慢淡化（詹婧、李晓曼，2015）。另以工作生活质量计划为例，这是一种鼓励员工全面参与工作场所或企业管理的方式，从而在传统的工会－管理者关系之外建立一套新的产业关系，通过在员工与管理者之间建立直接对话渠道来实现生产的提高和员工工作生活质量的改善，但大多数研究并没有发现这种计划能带来明显的经济效果（詹婧、李晓曼，2015）。此外，还以德国的工人委员会制度为例，有研究者曾对该制度的效果进行过长期研究，在其早期研究中，发现该制度可能并不能促进企业利润的提升，甚至可能对企业总投资有负面影响，而且对薪酬也没有明确的影响；后来的研究发现该制度与企业盈利能力可能呈负相关；再后来的研究又发现工人委员会制度尽管可能会提高企业生产率，但对企业利润率却有消极影响（詹婧、李晓曼，2015）。

另外，还有些对乐观结论持批判态度的研究者认为，乐观结论高估了参与对员工和组织的积极效果，而低估了参与可能带来的各种成本，比如，有研究者就以员工参与对员工福祉的影响为例指出，虽然此前有研究认为，团队工作使员工有更大的工作自主权及参与决策权，让他们更好地发展、分享和应用他们所学的知识，而且还能够满足他们社会心理的需要，进而带来更高的内在报酬和工作满意度。从管理层的角度来看，这种参与产生了积极效果；从员工的角度来看，则是通过强化其工作过程和增加其工作压力来实现的，换言之，某些形式的参与，尤其是团队工作，是与较高的工作强度和较大的工作压力相关联的（Kalleberg et al.，2009）。

以员工参与和工作压力之间的关系的研究为例，出现了相互矛盾或不一致的观点。比如，有研究者认为，员工参与可以减小工作压力，具体而言，当员工对自己的工作有更多的自主性或控制权时，就可以降低工作强度，提高工作质量，或者当员工可以就组织议题参与协商时，就可以围绕劳动强度和技术发展问题提出建议，从而降低劳动强度，又或者在团队工作中，因为具有更大的自主权，工作也更具多样化和人性化，而且员工较少受制于标准化的工作流程或直接监督，加上团队内部沟通便捷从而使员工获得了更多的社会支持，这些都有利于减小工作压力。但也有研究者针锋相对地提出了反面看法，对员工参与能否给组织中的权力结构带来真正的改变持怀疑态度，他们更多的是看到了这种新的生产体制的“阴暗面”，认为员工参与的生产体制其实与泰勒制之间具有连续性，不过是管理者试图去增加对员工的控制和提高其努力程度的方法而已，换言之，新体制不过是以强化劳动和压力管理的方式实现对员工的压榨，因此与上述逻辑相反，这种观点认为，员工虽然具有了一定工作自主权，但也会导致他们承担更大的责任，从而带来更大的工作压力和更高的工作强度。在团队工作中，监督、评价和规训行为从监督者手中转移到了团队成员手中，其实是另一种控制形式和更高的工作强度，有研究就指出了团队责任通常与工作负荷、压力及工作后的疲惫程度呈正相关（Kalleberg et al.，2009）。

也有研究者通过深入分析发现各种员工参与形式中，有的是与工作压力呈负相关（如拥有一定的工作自主性和劳资协商），有的则与工作压力呈正相关（如团队工作）（Knudsen et al.，2011）。还有研究者通过对1970年代至1990年代的纵向数据分析发现，员工的直接参与和工作压力以及与压力有关的疾病是在同步增长的，之所以如此，该研究认为，是因为其中的工作控制程度并不能达到应有的要求，换言之，尽管员工获得了更多的责任和决策权，但在执行过程中，某些结构和机制似乎抑制了他们对工作的控制权，其结果就是控制权不足以让员工真正自主地掌控自己的工作任务和要求，从而增加了更多的责任和压力（Knudsen et al.，2011）。

不仅从员工角度来看，研究观点出现矛盾或不一致，从组织角度来看，也出现了不一致的研究观点。有研究者就指出，员工参与和组织绩效之间的关系是很难确定的，一是难以确立一个时间点进行“之前和之后”的对比，比如这个时间点是新的参与机制被实际引入组织时，还是在比其早一点或晚一点的时间？这个时间点最终会关系到该参与方案嵌入组织中的程度。假如认为某一参与方案能够节省成本，这可能没有考虑到其中的各种建议或想法也许在此前就已经通过别的甚至更好的通道进行过传递；二是几乎不可能去将管理实践中的某一方面（如员工参与）的影响与其他可能影响工作行为的因素的影响分离开来，比如离职率很可能是受到其他工作的可获取性、工资相对水平以及是否有参与以及多大程度的参与的影响，而多数组织是无法精确地测量绩效的，这些组织也没有系统的记录缺勤或离职的数据以便做出精确的估计。因此，我们在很大程度上依赖于管理层的认知，即他们感知到的员工参与对绩效的影响（Dundon et al.，2004）。

综合上述各种观点，员工参与和员工福祉及组织绩效之间的关系，似乎不是简单的因果关系，而往往有不同的中介因素在发挥作用，所以非常有必要深入分析其中的具体过程和机制。真正的问题不是员工参与是否发挥作用，而是在什么情形下能运行得更好。显然，不同变量之间的相关关系随情境的变化而变化，因此，研究者也逐渐挖掘和测量一些偶然因素，也就是会影响员工参与成功与否的中介变量和条件（Strauss，1979）。

比如，员工的社会心理状态就可能是一种重要的中介因素，即员工参与是通过其社会心理状态来建立起与组织绩效之间的关系的，具体而言有两条路径，其一是认知路径（cognitive path），即通过更好地利用员工拥有的技术和能力来提升组织绩效；其二是激励路径（motivational path），即提升员工的满意度和其他情感反应，从而提升组织绩效。所以就有了一个 PIRK 模型，即权力（power）、信息（information）、回报（rewards）和知识（knowledge）。在这种模型中，员工参与可以让员工能够对其工作拥有更大的控制权，并参与与其相关的决策过程（power），这提高了沟通和表达的质量（information），让员工得到与其付出相称的回报（reward），并给他们提供更有效率的员工参与所需要的培训和发展空间（knowledge）（Boxall and Macky，2014）。不过这个模型没有考虑到工作强度这一重要的中介因素，而且这里所谓的工作强度绝不只是工作时间长短问题，还包括了员工体验到的工作要求、负荷或压力，这种工作强度问题也绝非只限于生产流水线上的员工，在专业性的或管理者的工作中，也会因为更大的责任而带来较高的工作紧张程度。简言之，无论一个人的工作在职业谱系中处于什么位置，尽管可能具有较大的自主性，能得到社会支持，但过度的压力都会削弱其福祉（Boxall and Macky，2014）。

另一个非常重要的中介因素是员工参与意愿。以往的研究者其实预设了一种情感模型（affective model），即预设了员工都有较为高级的参与需求，通过在组织决策中较高程度的参与，可以满足这些需求，从而提高其工作满意度和积极性。但事实上，并不是所有员工都会高度重视这样的参与机会。有研究表明，那些相信通过自身的努力能够带来相应结果，而且也希望通过工作来满足自身较高级发展需求的人，才有较高的参与意愿。显然，这种更高级的需求并非是平均分布在所有员工当中的，换言之，并非所有员工都有参与的意愿或兴趣，所以，员工参与方案并不必然适合于所有问题或所有组织。因此，员工参与过程本身并不会必然提升组织效率，这也意味着用员工参与率作为指标来衡量员工参与方案的成败是不合适的（Allen et al.，1997）。

不只是参与意愿会影响到参与效果，其实对不同人而言，由于其文化和个性等的不同，对参与的反应也会不同，所以参与效果也就很有可能是不同的。针对不同的层级和主体，应该采取不同的参与方案。比如，通过代表的方式来参与整个公司决策时，只有少数人参与进来，而普通工人的创造潜力是被忽视的，所以顶层的正式结构中进行的细微改变，并不能改变底层的工作意义，这就要辅以基层的直接参与，甚至是非正式的人际关系学派风格的员工参与（Strauss and Rosenstein，1970）。

由此可见，员工参与的结果其实是随情境变化而变化的，甚至有研究认为（Strauss and Rosenstein，1970），从总体上看，员工参与方案似乎并没有像设想的那样能带来巨大的成功。比如，印度大多数的员工参与计划都是失败的；以色列和挪威的工厂委员会计划也同样如此；在英国，随着基层干事的日益重要，劳资联合协商委员会要么变成了与基层谈判没什么区别的谈判委员会，要么就没什么用处了；在法国，各种员工参与计划的有效性因为工会和管理层之间以及各工会之间的对立而受到抑制；当然，南斯拉夫、瑞典和德国钢铁行业中，员工参与计划取得了一定的成功，但这种成功也是相当有限的。所以，有研究者就指出，有关员工参与效果的研究需要进行研究问题的转变，不再是去问员工参与是否会成功，而应问员工参与是在何种意义上可以被称为成功，他们进一步指出，至少从两个方面来说，员工参与取得了一定的成功。一方面，员工参与原则逐渐被社会接纳，这本身就是一种胜利，比如在德国钢铁行业中进行的工人态度调查显示，工人对共决制的支持表明工人感觉他们赢得了某种东西（something）；另一方面，员工参与至少吸纳了一部分工会和工厂层级的领袖，改善了沟通，帮助吸收和传递不满，甚至还可以帮助企业对工人进行工业纪律的训导，帮助识别和培训潜在的管理人才等，这样，从人际关系学派角度看，员工参与也在一定程度上使得管理层看起来不那么的专制，简言之，虽然员工参与的作用是有限的，但肯定不是一场迷幻之旅（Strauss and Rosenstein，1970）。

员工参与带来的效果不仅随情境的变化而变化，而且不同政治经济体制对员工参与的期待也是不同的。比如在自由市场经济体制下，在组织层面以及客户服务和产品质量方面，主要是从对利润和股东价值的贡献来看待员工参与，而在工厂层面则从员工离职率来看待员工参与，所以，这种体制对员工参与方案的考量，主要采用的是员工承诺、工作满意度、与组织目标的一致性等指标（Markey and Townsend，2013）；而在协作市场经济体制下，人们关注的是长期和更为广泛的利益相关者（包括政府、雇主、工会和工人等）的利益，而且比较偏好较高层级制度化的代表形式，所以这种体制期待员工参与能够带来更多的互利，这既可以是个别的雇佣组织层面的，也可以是更为广泛的社会凝聚层面的，换言之，员工参与不只是一种私人的事务，也不只是为了改善经济绩效，而是具有了公共性，指向更高的政治和社会目标（Wilkinson and Fay，2011）。

从以上对国外员工参与的发展历史、制度安排和观念设想等方面的考察可以得知，员工参与已然成了经济社会生活中的重要组成部分，而且其内涵和外延都非常宽泛，在现实中，我们可以看到各种各样的员工参与，它们在参与的组织层级、制度化程度、领域、形式和程度等方面各不相同，并引发了诸多研究者围绕参与的“真”与“假”或实质与形式等问题的种种争论。

之所以出现多样化的员工参与形态以及相关的分歧和争论，其中很重要的原因在于推动员工参与的力量是多元的，这些不同的力量在利益诉求和观念立场等问题上往往是不同的甚至是相互对立的。员工希望通过员工参与来实现个人利益，企业希望通过员工参与来实现组织目标的统一和生产效率的提高，政府希望通过员工参与来协调劳动关系，整合各方面力量实现工业化目标或者以此来推动基层民主，工会希望通过员工参与来实现产业关系力量的平衡，社会活动家希望通过员工参与来实现人性尊严或民主权利，等等。

也正是因为这些代表不同利益和观念的力量之间的相互作用，不仅导致了员工参与存在形式和内容上的差异，而且还在一定程度上引发了参与结构的变革。比如，如前所述，一个较为明显且重要的变化趋势就是员工参与从以集体的代表性参与为主走向以多元化的个体的直接参与为主，在这过程中，参与的范围也从原来的工资福利和雇佣条件等扩散到了工作内容和程序的自主性或企业决策的参与，参与的程度也随着参与范围的变化而从最低限度的信息获取上升到同等权力的共同决策。

当然，由于推动员工参与的力量是多元化的，所以现实中的员工参与不仅表现出多元化的形态，而且员工参与带来的效果也就具有了一定的不确定性，虽然不同的推动者都从有利于各自利益的立场对不同参与形式进行逻辑合理性的论证，但经验证据似乎并没有完全证明员工参与同员工福祉或组织绩效有必然的直接关联。实际上，这中间通常有太多复杂的过程和机制在影响着员工参与的效果，所以越来越多的研究在探索各种可能的中介因素。

不过，这并不影响员工参与日益成为一种普遍性现象，而且在这过程中，员工参与的意义也在逐渐发生变化。过去，无论是哪方面的推动力量，基本都是受各自的利益或理念的驱动，将员工参与当作一种实现自身目标的手段或过程，但如今，员工参与慢慢开始成为一种目标，或者说，员工参与本身逐渐成了一种值得追寻和守护的价值。

第二节　国内有关员工参与的研究

一　员工参与的理论依据

如前所述，在计划经济时期，由于工人阶级主人翁地位的意识形态宣称、社会主义的民主政治制度要求以及生产资料公有制的经济体制安排，员工参与或企业民主管理具有自然的正当性。但这种正当性随着改革开放的不断深化，开始面临越来越多的挑战。一方面，大量非公企业迅速发展起来，削弱了员工参与的公有制经济基础，特别是其中绝大多数企业还都处于最初发展阶段，企业主或经营管理者占据绝对的主导地位，这样在工人阶级主人翁地位与财产的非公有制之间不可避免地产生了张力；另一方面，在国有企业改制过程中，由于主要着力于企业经济绩效的改善，所以经营管理者被赋予了较大的权力，工人的民主管理权利也相应地减小了。即便改制后的国有企业以及发展壮大起来的非公企业也在引入各种员工参与，但似乎也主要从属于企业的绩效或效率原则。不过，无论是出于意识形态的宣传，还是出于对员工合法权益的维护以及和谐劳动关系的建构要求，都要求在企业治理结构中给予员工参与合理地位，在这种情况下，员工参与的合理性或正当性自然就需要寻求新的基础，这也引发了学界的种种讨论。大体来说，可以梳理出如下一些常见理论。

第一，是较为传统的且与社会主义政治制度具有亲和性的经济民主或工业民主理论。这种理论将经济民主看作政治民主理念在经济领域中的延伸，这在社会主义国家中尤其具有意识形态的支持，工人阶级的主人翁地位以及全心全意依靠工人阶级的政治话语，都要求在企业内部实行员工参与或民主管理（吴建平、陈紫葳，2010）。还有研究者从经济民主对于促进国有企业改制和公司制企业规范化的角度来论证员工参与的合理性，即能够改善代理人制度，预防恶性经营行为，降低管理成本。此外，从世界工业发展史来看，工业民主和员工参与具有历史必然性，符合人权的要求，这也构成了一种合理性基础（谢玉华、何包钢，2007；2008）。

第二，是与社会主义传统密切相关的理论——劳动力产权理论。该理论在很大程度上源起于马克思的剩余价值学说，即企业的利润实质是剩余价值，而劳动是剩余价值的唯一源泉，因此劳动者作为劳动力产权的所有者，在利润分配上应当拥有与资本家同样的权利和地位，相应地，在企业管理上必然要求民主化（吴建平、陈紫葳，2010）。而且对劳动力产权的倡导也与改革开放以来国有企业改制密切相关，如果说此前员工参与管理的一个重要基础是所有者身份，那么此后则更多是以劳动力产权主体的身份参与管理，从而维护自身合法权益（何沿，2012）。

此外，也有研究者立足现代企业管理理论指出，员工参与企业治理既能满足员工的人性或社会需求，同时也能提供一种克服现代科层制弊端的方法，改善企业管理效率。还有研究者从劳动关系理论出发，认为通过员工参与让其利益得以通过制度化来表达和维护，从而减少劳资冲突，在企业内部达到劳资共赢的目的

（吴建平、陈紫葳，2010）。

第三，是目前较为重要且影响力较大的人力资本理论。从人力资本理论来探讨员工参与合理性，是从对企业性质的探讨开始的。在古典经济学中，企业被看作股东利用自己财产进行牟利的手段，股东自然而然享有企业控制权。不过随着公司制企业的出现和发展，特别是当公司开始大规模向社会融资而出现分散性股权时，股东完全掌握公司控制权的合理性也就开始面临挑战或质疑。在这种情形下，制度经济学尝试从契约的不完整性来论证股东享有公司控制权的合理性。在他们看来，将公司设定为法律主体只是为了签约和诉讼上的便利，在解释公司治理上没有什么意义，因此，公司应该被看作各方投入者签订的一组契约而已，不过在具体的生产经营过程中，很多事项是无法事先在契约中做出明确规定的，这就产生了控制权的问题，即究竟谁有权力决定契约中没有事先约定的事项。有一种观点认为，应该将此权力交给那些在契约中自身利益无法得到完全保护的人。由于公司中的债权人可以通过契约得到固定的收益，员工也可以通过劳动合同获得事先确定的报酬，而股东的收益情况则要根据实际经营结果来确定，即便在盈利的情况下，他们也应该先满足债权人和员工的要求，所以他们享有的是最后的剩余索取权，在这种情况下，股东最有动力去把公司经营好，如此才能最大化其可获得的剩余。也正是在这个意义上，一些制度经济学家将企业所有权定义为对企业剩余的控制权和索取权，而这种权力应该交由股东掌握。

有意思的是，倡导员工参与权的学者正是沿着上述逻辑展开论证的。他们在传统的资本概念中引入了人力资本概念，认为市场中的企业其实是人力资本与非人力资本（物质资本）的一个特别合约（周其仁，1996）。而随着现代社会的发展，物质资本的重要性逐渐下降，特别是随着金融市场的发展，融资变得更容易，企业凭借物质资本而产生的凝聚力逐渐减弱。相反，人力资本在创造事后准租金的过程中发挥了越来越重要的作用（刘银国、吴成凤，2007）。而且，随着员工在企业中服务时间增加，他们进行的人力资本专用性投资就越多，与企业的利害关系越密切，而这种专用性人力资本投资难以通过劳动力市场来度量，所以也难以简单的通过劳动合同中约定的工资报酬合理回报这些员工，换言之，这些员工也应该享有一定的企业剩余控制权和索取权。此外，发达的资本市场使得股东相对容易退出公司，进行风险规避，但员工人力资本专用性致使其退出公司的成本非常高，因此他们也将承担巨大的风险，而且人力资本也不能像物质资本那样可以进行分散性投资（张舫，2004），所以，无论是从人力资本投资的回报角度，还是从风险承担角度看，员工都应该被赋予一定程度的治理参与权，这样不仅能调动他们的积极性，而且也有助于提高公司治理效率。

第四，是近些年同样较为重要的利益相关者理论。简单来说，利益相关者理论强调企业不能只考虑股东利益最大化，而应该同时兼顾其他利益相关者（包括企业员工、消费者、所在社区及其成员，甚至更为广泛的社会公众）的权益维护和改善，即企业应该使各种利益相关者的总体利益最大化。这也就提出了一种共同治理模式，即企业是契约各方共同参与形成的利益制衡体系（吴建平、陈紫葳，2010）。当然，这其中最直接的利益相关者就是企业员工，因此员工应该具有企业治理的参与权。这种理论的提出，其背后的原因有很多，其中部分原因与前述人力资本产权理论相似。该理论认为，现代公司的有限责任原则以及合约的不完备特性，决定了资本所有者常常会在资本市场上扮演投机者角色，其可能更关心市场上资本价差带来的套利机会，所以当企业发生危机时，相比员工，资本所有者更容易也更可能通过“用脚投票”的方式来规避风险，而员工则可能面临失业危险，同时其人力资本也会因此而面临贬值风险，在这个意义上，员工对企业长期发展的追求并不必然亚于资本所有者。此外，员工参与企业治理，可以从内部监督经营管理者，有利于降低企业的代理成本（杨瑞龙，2005）。

第五，是在利益相关者理论基础上发展起来的企业社会责任理念。其更是否定了传统意义上的个体经济利益和企业股东利益至上的理念，而强调经济生活中的道德意义和伦理价值。因此该理念认为，企业经营管理者在决策时，应该考虑更为广泛的社会利益和福利，包括员工利益，这就为员工在企业中地位的提升和管理参与提供了一条理论通道（王崇敏、马建兵，2012）。

无论是人力资本理论还是利益相关者抑或是企业社会责任理论，在很大程度上是从分配的公平性角度着手，将员工参与更多的是当作一个政治问题来处理，这种处理方式当然容易引起资方的抵制，所以有研究者换一个角度，即从生产效率角度着手，认为员工参与在根本上仍是经济问题，应从增进生产效率的角度来论证员工参与的合理性，这样更容易被企业接纳（纪元，2008）。

这种视角主要是基于制度经济学的交易成本概念论证现代企业中员工参与所具有的生产性意义的。具体而言，在古典企业模式下，资产专用性强，股东又承担了无限责任，因而也承担了最大风险，而员工的技术水平较低，或者说其人力资本专用性较低，这容易引发短期机会主义行为，此阶段利益纠纷主要体现在分配上，而员工参与并不具备降低交易费用和提高生产效率的功能。另外从信息角度看，此阶段生产技术水平低、企业规模小、市场容量小且变化慢，所以不完全信息对企业决策的制约作用并不非常突出。相反，在现代企业中，物质资本更多的来源于社会闲散资金，加上有限责任制，致使股东的风险被大大分散，而员工技术水平的提高，其人力资本专用性也在提高，因而员工的风险在增加，而古典企业模式下交易成本中对机会主义行为的监督也不只局限于普通员工，还扩展到了对经营管理者的监督，对后者的监督成本更高，致使企业内部的交易成本大幅上升，另外，不完全信息对企业科学决策的制约性也越来越大，在这种情况下，引入员工参与可以在很大程度上降低交易成本，提高生产效率。这首先是因为不完全信息不仅存在于外部市场，也存在于企业内部生产经营中，而员工参与可以降低这种信息成本；其次是因为员工参与企业治理，有助于抑制员工短期行为，降低监督成本；最后是因为员工参与也能构成对经营管理者的监督，降低对后者的监督成本。简言之，现代企业中员工参与的引入，能够降低交易成本，提高生产效率，从而使得劳资之间的博弈不再是传统古典企业模式下的存量博弈，而变成了一种增量博弈，这为员工参与提供了正当性（纪元，2008）。

以上是比较常见和重要的理论依据，当然，对于这些理论依据，并非没有反对或质疑的声音，事实上这些理论或多或少都具有价值判断色彩或“应然性”倾向，在经验中并不容易获得实证支撑。比如，对于经济民主或工业民主理论，人们会质疑宏观的政治民主与微观的经济民主之间是否存在直接的因果关系，在意识形态上确立的工人阶级主人翁地位，是否必然就需要在企业中拥有参与管理权；对于劳动力产权理论，且不说人们会质疑劳动力是否可以获得与资本同等的地位，即便承认了这一点，那么如何在经验中对劳动力产权进行界定、操作和估算也存在很大困难（吴建平、陈紫葳，2010）。

至于人力资本理论，有研究者则专门从法学的角度提出了质疑。虽然有经济学家认为，员工在企业中进行了专用性人力资本投资，如果企业经营失败，这些员工不仅要失业，而且自身的人力资本专用性价值在一定程度上也会受到损失，所以他们认为员工的人力资本投资是用未来的收益做抵押，因而具有担保性。但从法学的角度来看，或许人力资本的专用性在一定程度上具有经济学意义上的抵押性，但在法律意义上却没有抵押性，因为人力资本投资对其未来收益的抵押并不能使其他投资者的损失得到任何程度的补偿，或者说人力资本的投入并不能保障企业其他债权人的收益，在这一点上物质资本在根本上有别于人力资本，所以，并不能从人力资本理论得出员工应具有参与企业管理权或控制权的结论（冯彦君、邱虹，2007）。

对于利益相关者理论及企业社会责任理念，也同样存在理论上的困境。比如，企业社会责任关注的利益群体太多，这虽然反映出利益上的包容性，但也会导致对某一利益群体（员工群体）的重视度被削弱；另外，该理论更多的是从企业及其管理者的角度来考虑社会利益的，虽然目标群体包括各类利益群体，但行动出发点始终是企业及管理者，而从后者的角度来说，虽然他们需要承担社会责任，但不一定要让员工参与企业管理，因为可以通过其他渠道来完成对员工利益的保护；而且企业社会责任理念涉及的利益群体太多，这些群体之间也存在利益的不一致性，甚至可能是相互冲突的，因为企业社会责任理念只是强调了不同利益群体构成的整体性社会利益，并没有对这些利益之间的关系进行深入探讨，所以在协调它们关系时存在理论上的困境。因此也就难以简单地得出为了维护员工利益而要求采取民主管理的结论，否则就可以因此推论出其他利益群体也可以参与企业管理的结论（王崇敏、马建兵，2012）。换言之，按照利益相关者理论及企业社会责任理念，让不同利益群体参与企业管理，容易造成企业边界的模糊，使企业从经济组织变成了无所不包的综合性组织（吴建平、陈紫葳，2010）。

至于员工参与能够像有些研究者认为的那样，可以激发员工工作积极性和团队合作精神，更好监督经营管理者等，进而可以降低交易成本，提高企业经营效率，则同样遭到了质疑。比如有研究者就以计划经济体制下的“大锅饭现象”为例，指出简单地认为在企业治理中体现主人翁地位就能提高企业效率的观点难以令人信服，事实上，人力资本的投入是无法在劳动合同履行前完全确定的，而在实际劳动过程中员工完全可能偷懒，甚至可能会浪费甚至窃取物质资本（冯彦君、邱虹，2007）。此外，还有研究者指出，员工参与管理和决策并不必然就会导致人们所期望的群策群力的良性结果，反倒有可能会导致集体决策的成本高昂，因为员工内部的异质性程度很可能比投资人内部的异质性程度要大得多，毕竟前者的利益偏好更分散、多元和复杂，从而很难在工资分配方案和企业投资决策等方面达成一致性意见，而后者的利益偏好可能更容易达成一致，那就是使企业收益的净值最大化，所以，员工参与管理也许不是带来交易成本的降低，反倒可能是增加（张舫，2004）。

总而言之，这些年来，围绕员工参与或企业民主管理的合理性问题，已经有了非常多的讨论，这背后的研究动机或许是因为现有政治体制和意识形态的倡导，或许是为了更好地维护员工的合法权益，也或许是对企业治理本身的关注。虽然多数研究者都试图去证明其合理性，但也有研究者会对这种合理性提出质疑，这至少提醒了我们，对员工参与的讨论需要关注其可能存在的局限性。

二　员工参与的法律与政策研究

虽然改革开放以来，员工参与呈现一定的弱化趋势，并引发了关于员工参与合理性或必要性的大量讨论，不过，由于社会主义政治体制和意识形态的要求，我国对员工参与或民主管理一直有相关的法律法规和政策规定，只是这些法律法规和政策规定或多或少存在一定的问题或局限，因而也引发了学界的探讨和争论。

在革命战争时期以及新中国成立初期，就曾先后颁布过一些涉及员工参与或企业民主管理的法律法规，比如1934年中华苏维埃共和国人民委员会颁布的《苏维埃国有工厂管理条例》、1950年颁布的《中华人民共和国工会法》和1961年起草的《国营工业企业工作条例（草案）》等，但专门针对企业民主管理进行立法工作，则是在党的十一届三中全会之后，其标志就是1981年由中华全国总工会、国家经委和中央组织部联合制定，中共中央国务院转发的《国营工业企业职工代表大会暂行条例》，这是新中国第一部关于企业民主管理的全国性法规，其中明确规定，要建立和健全党委领导下的职工代表大会制。

此后，关于企业民主管理的法律法规陆续出台，其中包括1986年由中共中央和国务院颁布的《全民所有制工业企业职工代表大会条例》和1988年全国人民代表大会通过的《中华人民共和国全民所有制工业企业法》，其中对职工代表大会的设置和权限有明确的规定；随着大量非公企业的兴起以及国有企业改制的需要，1993年全国人大常委会通过了《中华人民共和国公司法》，提出要实行董事会和监事会中的职工代表制，为企业民主管理增加了新的内容；1994年，又颁布了《中华人民共和国劳动法》，明确规定不分所有制，“劳动者依照法律法规，通过职工大会、职工代表大会或者其他形式，参与民主管理或者就保护劳动者合法权益与用人单位进行平等协商”；2001年，修订后的《中华人民共和国工会法》，也对国有企业、集体企业和其他企业民主管理的形式和内容逐条做了规定；2006年，全国总工会审议通过了《企业工会工作条例（试行）》，对各类所有制企业职代会职权做了具体规定；2007年出台的《中华人民共和国劳动合同法》，也明确规定，不论何种类型的企业，在制定直接涉及劳动者切身利益的规章制度或者重大事项时，要经职工代表大会或全体职工大会讨论通过；2012年，中共中央纪委、中共中央组织部、监察部、国务院国有资产监督管理委员会、中华全国工商业联合会、中华全国总工会六部委联合发布了《企业民主管理规定》，对职工代表大会制度、厂务公开制度以及职工董事职工监事制度都做出了明确规定；等等。

这些先后颁布的法律法规为我国的企业民主管理或员工参与提供了指导和规范。上述这些年是我国改革开放不断深化，从传统的计划经济体制向社会主义市场经济体制转型时期，企业民主管理的经济体制环境发生了重大变革，那么企业民主管理的内涵和特点也相应会发生改变，并必然会反映到相关法律法规当中。张渤和杨云霞（2009）就概括了我国员工参与法律制度变迁的四个特征。第一，员工参与制度的法律化，这主要表现为员工参与的权利从精神权利转变为法定权利，而且出台的法律也从低阶位法向高阶位法发展，员工参与也从抽象层面向具体层面转变。第二，员工参与的目标从政治性目标向经济性目标转变，这种转变应该视为是员工参与的一种本质回归，通过将法定权利转化为影响力，从而制约经营管理者的任意性，维护员工经济利益，当然这种转变并非完全排除政府赋予员工参与的政治目标。第三，员工参与的形式逐渐从全员性参与过渡到代表性参与。第四，员工参与的领域逐渐从企业经营管理事务转变为员工切身利益事务，这典型表现在职工代表大会的权限上，此前职工代表大会在很大程度上参与行使企业的经营决策权以及重要规章制度的制定权，如今则更多的是围绕工资工时、劳动安全卫生和保险福利等事关员工切身利益的问题进行平等协商。

虽然围绕企业民主管理的法律法规在不断更新与发展，但也有研究者认为这种变化并不能适应现实发展的需要。比如吴亚平（2013）就指出了现有企业民主管理法律法规存在的一些局限。首先，立法层次不高，且没有专门法。虽然 1986 年颁布的《全民所有制工业企业职工代表大会条例》和 2012 年颁布的《企业民主管理规定》都对企业民主管理有相对完整的规定，但是前者只是国务院颁发的行政法规，且只针对全民所有制工业企业，后者则只是一个多部委联合发布的文件；2006 年由全国总工会审议通过的《企业工会工作条例（试行）》虽然对不同所有制的职工代表大会职权有详细规定，但这只是全国总工会的一个内部文件，并非法律法规或行政规章，对企业基本没有约束力；在地方层面，虽然多数省份出台了相关规定，但其表述的内容并不一致，导致执行标准不一，同样的行为在不同地区会带来不同的法律后果，这将损害法律的权威性。其次，法律规定不明确，内容相对滞后。虽然立法层次较高的《中华人民共和国劳动法》（以下简称《劳动法》）和《中华人民共和国公司法》（以下简称《公司法》）打破了所有制界限，规定了用人单位都要实行民主管理，但其中的规定却不明确，有些措辞模棱两可。比如两部法律在职工代表大会和其他形式之间使用选择性的“或者”一词，而且其他形式也不明确，这样容易造成用人单位采用诸如“领导接待日”“座谈会”“职工意见箱”来取代职工代表大会制度。最后，法律责任不明，刚性不足。立法层次较高的《公司法》《劳动法》《中华人民共和国劳动合同法》（以下简称《劳动合同法》）都没有对违反民主管理规定的行为设定法律责任，《中华人民共和国工会法》（以下简称《工会法》）虽然有法律责任的设定，但由于工会是个群团组织，没有执法权，而且《工会法》执行成本太高，从而缺乏应有的刚性。

另一研究者杨冬梅（2015）基本上与吴亚平的观点一致，也认为当前企业民主管理法制建设虽然取得了一定成绩，但也存在不少问题，包括没有制定专门的企业民主管理法律，现有的条文散见于不同的法律、法规和文件之中，而且可操作性不强、缺乏刚性，地方立法虽然发展迅速但缺乏协调和统一等。不仅如此，杨冬梅（2005；2008）还特别以《公司法》为例探讨了我国立法理念中存在的问题，指出了其中有两个不利于企业民主管理的理念：首先是存在以所有制性质为划分标准分门别类立法的问题，这是计划经济时期立法原则的延续，但这种延续，致使各种法律法规主要对公有制企业民主管理做出了规定，至于非公有制企业的民主管理，虽然也有一些规定，但基本都是原则性的，缺乏具体或细化的规定；其次是存在股东至上主义倾向，当然这与我国国有企业改革的历史特点有关，由于这种改革主要着眼于改进和完善政府对企业经营管理的激励和约束，更多从国有资产的保值和增值或效率原则来构建国有企业的治理结构，其结果是政府拥有国有企业经理人员的任免权，控制着企业的重大决策以及监督经营者的行为等，这种“股东至上主义”逻辑事实上与企业民主管理构成了一定的矛盾。在这两种立法理念影响下，公司制企业的民主管理立法就存在先天不足。因此，杨冬梅提出了三个主要建议：一是改变以所有制性质为划分标准分门别类立法的做法，让所有员工都能享有同等的参与民主管理权利；二是今后在修订《公司法》时，应改变其中存在的“股东至上主义”的逻辑，吸收公司社会责任和利益相关者理论的研究成果，以形成一种各利益相关者和谐共处、相互制衡的公司治理结构；三是应该对职工代表大会和职工董事、职工监事在公司中的作用做出明确规定，并且这些规定要明确具体，具有可操作性。

上述两位研究者的观点比较具有代表性，不少研究者都持有类似的观点。比如张竹英（2002）也指出，从《公司法》的规定看，虽然没有否定职工代表大会制度，但也没有解决在公司制下员工如何行使民主管理权利的问题，而且从实质上看，公司治理结构完全遵循了资本运行的逻辑，实行的是董事会、股东会、监事会的治理模式，在这种情况下，即便有员工持股，也因为持股比例较低而难以实现其民主管理权利，而其通过监事会的方式参与企业管理时，也难以对公司经营管理者形成实质性监督。另外，周英锐和秦美从（2014）考察了 2013 年修订后的《公司法》后认为，《公司法》在员工民主参与方面的规定仍有不足，比如员工民主参与的范围太小，参与程度太低，参与平台不够等，特别是在公司组织结构中也没有明确职工代表大会的位置。

石少侠和王福友（1999）则更进一步指出，目前《劳动法》和《公司法》对员工参与权的规定都是侧重于利益的维护，或者说法律赋予员工参与权只是为了保护员工利益在公司运行过程中不受侵害，因而在立法上是被动性的而非主动性的；同时，与《公司法》中规定完善的股权相比，员工的参与权又过于弱小，因此即便这种被动性维护员工利益的立法的初衷也未必能够实现。他们进而提出，需要对员工参与权的法律性质进行界定，他们认为，员工参与权应该是在特别法层次存在的劳动权。一方面，作为一般意义上的劳动者，其与用人单位产生劳动关系而受到劳动法的保护；另一方面，从公司法角度看，管理者和员工都是劳动力产权主体，他们不仅应得到劳动收入，也应像投资人一样获得产权收益，这在我国的社会主义法律制度中尤其应该得到认可，这意味着员工参与权是劳动权的延伸。所以，他们建议，《劳动法》和《公司法》不应该像目前这样都以维护员工利益为立法基础，导致在内容上出现过多的重复和交叉，而应该进行合理分工，即《劳动法》的首要目标是着力于明确劳动者在劳动合同中的平等地位，维护其合法权益，而《公司法》的主要目标是明确以积极参与公司经营管理为核心的主动进取型员工的参与权。

另外，《企业民主管理规定》也得到了研究者的关注，因为该规定明确要求所有企业不分所有制性质都要实行民主管理，并且针对不同性质企业的职工代表大会权限做了较为明确的规定。不过，也有研究者指出了其中较为明显的局限（刘元文，2013），首先是该规定的立法层级偏低，不太容易得到地方政府和企业经营管理者的重视；其次是出现了职工代表大会制度的“双轨制”现象，即不同所有制企业的职工代表大会的权限不同，造成了员工被区分为两个权力和利益不同的群体；最后是该规定中赋予职工代表大会的权利与已有的法律（如《劳动合同法》）有差异，甚至在权利上出现了“倒退”现象，比如，当用人单位在制定或修改直接涉及劳动者切身利益的规章制度时，《劳动合同法》明确规定，应当经职工代表大会或者全体职工讨论，提出方案和意见，与工会或者职工代表平等协商确定，但在《企业民主管理规定》中，却表述为职工代表大会对此提出意见和建议而已。

不过，也有研究者对此持不同看法。前面在考察员工参与的理论依据时，就提及有研究者指出人力资本理论并不能论证员工参与的合理性，因为人力资本的专用性并不具有法律意义上的抵押性或担保性；他们还进一步指出，公司法的永恒主题应是效率，而简单地认为在公司治理中体现员工的主人翁地位就能提高企业效率的观点是难以令人信服的，纯粹地实行员工参与制度则很可能有悖于公司的效率原则。换言之，《劳动法》或《公司法》在追求劳资双方地位平等和利益平衡时，绝不能牺牲资本的利益而单方面追求劳动者利益，否则就是矫枉过正了。所以他们认为，与其通过员工参与的方式，倒不如通过《劳动合同法》和《中华人民共和国社会保障法》（以下简称《社会保障法》）等一系列法律来保护员工利益（冯彦君、邱虹，2007）。

另有研究者张舫（2004）不仅同意上述研究者的观点，即对员工利益的保护，《劳动合同法》《社会保障法》等要比员工参与企业管理可能更有效，而且他还针对一些以德国“共决制”为制度参照论证员工参与合理性的做法，提出了反驳意见，他认为德国的“共决制”与德国公司特有的股权结构和融资渠道有直接关系，而这种制度环境是我国企业所不具有的，因此将“共决制”移植到我国，很可能出现“水土不服”。总之，没有必要像很多研究者所倡导的那样，在《公司法》中加强有关员工参与的相关规定。

三 员工参与的制度逻辑和变迁

结合对员工参与的理论依据和法律政策的研究综述，可以发现，对员工参与的理解，大体上存在两条主要的逻辑线索，一是理性化的逻辑，主要是试图去论证员工参与能否维护员工权益，或者提高企业管理效率和生产效率；二是制度化的逻辑，主要是按照外部的制度环境要求来考察员工参与，员工参与被作为企业应对外部制度化要求（包括政治要求、社会期待和法律规范等）的手段而被内化到企业内部治理结构中。前者遵循的是效率机制，后者遵循的是合法性机制（周雪光，2003：31、74）。

相比而言，在理性化逻辑思路下进行的研究相对较多，这主要表现为大量的针对员工参与效果所进行的实证研究。

一个比较常见的观点就是员工参与能够提高员工满意度，吴建平和陈紫葳（2010）的数据分析表明，员工参与的确对员工的工作满意度具有较大的解释力度。而这种工作满意度又能在员工参与与员工绩效之间起到中介作用（陈小平，2012）。谢玉华和张群艳（2013）专门对汽车产业的新生代员工的参与进行了探讨，他们首先指出这些新生代员工的参与状况并不乐观，不过他们有较为强烈的参与意愿，进而他们还指出，这种参与对工作满意度有着显著的正向影响，此外，员工参与意向在员工参与和工作满意度之间发挥了正向的调节作用。

员工参与也能提高员工对企业的忠诚度或组织承诺，比如谢玉华、刘晓东和潘晓丽（2010）的研究表明，员工参与对员工忠诚度有显著的正向影响，只不过员工参与的不同维度对员工忠诚度的影响存在差异而已；陈万思等（2015）针对某中美合资汽车公司员工参与管理的实践调研发现，劳务工对用工单位（汽车公司）的组织承诺要高于对派遣单位（劳务公司）的组织承诺，这在很大程度上是因为其在汽车公司具有一定程度的参与，而且他们还进一步指出，员工对组织支持的感知，在员工参与与组织承诺之间起到了一定的中介作用。另外，周勇和肖田（2015）的研究也表明，员工参与有助于提升员工的组织承诺，而这种组织承诺又可以进一步降低员工的离职倾向。

还有研究者指出，员工参与有利于协调劳资之间的关系，增进双方的情感信任，从而让企业对员工有更多的投入，这样不仅能加快员工成长，而且可以提升企业效率（郑文智、陈金龙、胡三嫚，2012）。詹婧、李晓曼和杨涛（2016）的研究发现，员工参与制度能够有效帮助企业在内部消解决劳资纠纷，具体来说，职工代表大会制度的存在使得员工在企业外寻求劳资纠纷解决办法的概率降低了 51.6%；厂务公开制度也有助于员工选择内部渠道来解决劳资纠纷，使劳资纠纷在内部解决的概率提高了 32.3%；不过，职工董事和职工监事制度对员工选择劳资纠纷解决渠道的偏好没有显著影响；此外，他们的研究还指出，与由工会或管理者指定代表相比，由员工自己选举代表的职工代表大会制度能显著提高（提高的比例为 23%）该制度对劳资纠纷内部解决的影响。

至于员工参与对企业绩效的影响，研究者大都基于逻辑推理认为，员工参与有助于提高企业绩效，不过从目前的情形看，这方面的定量研究较少，而且就现有的定量研究结果来看，结论似乎并没那么乐观。张成廉和齐燕庆（2002）以50家上市公司为调查样本，研究发现我国上市公司的治理结构从总体上看处于“形备而实不至”的状态，具体来说，虽然职工董事、职工监事在维护职工的合法权益方面起到了一定的作用，但在近半数的上市公司中，职工董事和职工监事在董事会和监事会中的作用不大。刘银国（2010）以116家沪市国有制造业上市公司为样本，运用2008年的截面数据，将员工董事和员工监事的比例作为员工参与公司治理程度的指标，将净资产收益率作为企业绩效的指标，结果发现员工参与对公司绩效不存在显著影响，对此他的解释是因为目前在国有企业中员工参与更多是名义上的而非实质性的，更多的是满足公司法的要求而已，结果没法准确反映员工参与治理的绩效效应。不过，李汉林和吴建平（2010：150～151）从组织团结的角度指出，员工参与有助于实现劳资双方在企业内部的利益表达、协调和综合，从而促进企业组织团结，而企业组织团结又能对企业绩效产生显著的正向影响。

徐鹏、白贵玉和陈志军（2016）以知识型员工为研究对象，探讨了员工参与对组织绩效的影响。他们的研究发现，知识型员工的参与对创新绩效具有显著影响，但是这种影响并非线性的，而是倒U型，即知识型员工参与可以强化其创新意识、提高其信任感、促进组织学习，从而对创新绩效产生积极影响，但随着参与激励程度的增加，积极效应存在一定程度的消减趋势，而知识型员工的认知能力局限和沟通成本所带来的负面效应也会随着参与激励程度的增加变得越来越明显，这时，知识型员工参与激励过度反倒会对创新绩效产生不利影响。当然，他们也指出了员工的组织公民行为倾向具有显著的中介作用。

不过，也有研究者指出，员工参与所带来的实际效果，取决于它能否被管理者和员工以企业期望的方式所感知，唯有当管理者和员工都具有较高水平的参与式管理感知时，员工参与才能带来积极效果（吴健、张光磊，2016）。此外，所有制似乎也是影响员工参与效果的重要因素，比如谢玉华、张媚和雷小霞（2010）的研究发现，虽然国有企业采取的员工参与的形式众多，但流于形式居多，员工参与并没有发挥应有的作用，而外资企业的员工参与度普遍要高于国有企业。另有研究者运用2006年中国综合调查（CGSS）的数据发现，员工对于企业改制的参与虽然有利于员工对企业改制效果的评价，但回归系数并不显著（彭明明、刘汉民，2012）。

在这些理性化逻辑主导下的定量研究中，当然也有一些研究是考察员工参与的现状和影响因素的。张震、马力和马文静（2002）的调查发现，员工参与存在所有制和区域上的显著差异，具体而言，非国有企业要好于国有企业，东南沿海地区企业要好于中西部地区企业；此外，他们的研究还指出，企业的组织氛围（组织机构的科层性、创新性、对员工的支持性）对员工参与具有显著的正向影响。吴伟东（2014）专门考察了农民工群体的参与问题，他以“提出合理化建议”作为农民工个体层面的参与形式，以“你是否参加过企业的职工代表大会”为集体层面的参与形式，通过在10个城市的调查分析，发现农民工的参与在个体层面和集体层面都处于较低水平，参与比例分别只有13.4%和7.7%，不过，农民工的参与意愿较高，因此在参与意愿和实际参与之间存在很大的落差。

谢玉华（2009）在湖南的调查发现，员工参与形式中较为常见的是“向上司反映工作意见和建议”“合理化建议”“职代会工会”“意见箱或BBS等员工意见表达系统”，其次是“民主评议领导者”“民主生活会或民主议事会”“基层民意调查（或草根调查）”，而“工资集体谈判”“自主工作团队”“职工进入董事会、监事会”“企务公开”和“员工持股”等形式较少。同样，她也指出了所有制对员工参与的影响。具体来说，在制度与机构建设上，国有企业（包括国有控股企业）的员工参与架构比较完整，尤其是历史悠久的大型国企更是如此，它们不仅有传统的民主管理形式，而且也吸纳了不少新的参与形式，外资企业参与的形式也较为多样，不过民营企业的制度建设相对落后，尤其是中小型民营企业；在功能上，国有企业的员工参与更多的是承担沟通企业和员工关系、活跃职工文化生活、维护职工福利、审议企业决策等职能，而其监督、参与决策、维护职工权益的作用很有限，外资企业的员工参与更多的是用以促进团队合作，提高工作效率，而民营企业的员工参与体系更多的是成为贯彻经营管理者的意愿的沟通渠道，因此员工参与更多的是被动性的，甚至成了管理者的工具。

也有研究者用实地研究的方式考察员工参与的效果，比如吕梦捷（2013）在某国有钢厂考察了员工参与在不同层面的具体表现：在决策层面，是一种代表性的参与，员工代表主要是享有信息分享的权利，其意见的表达是有限并且会被筛选的；在生产过程中，员工的参与与自身工作密切相关，反应的问题也能够得到重视和反馈；在决策执行过程中，员工会针对某项决策的执行向上级主管反馈意见，有利于决策执行方法的调整以及处理员工的抱怨和冲突等，不过员工的这种参与是非常有限的，毕竟不具有与管理层平等协商的渠道。简言之，虽然在该国有企业中，既有传统的企业民主管理渠道，也有多种直接参与渠道，让员工的参与广泛分布在生产和管理过程中，但参与度较低，而且这种参与机制对于企业劳动关系的调节作用有限。

其实，当研究者逐渐看到员工参与并不具有较大的实质性作用，但又不同程度的普遍存在于各种企业之中时，制度化逻辑的分析视角也就呼之欲出了。

研究者谢增毅（2013）就指出，实证数据似乎很难证明员工参与对企业绩效是何种影响，即便是在员工参与相对成功的德国，似乎也没有确切的数据证明员工参与或共决制对企业能产生不利或有利的影响，因为企业的经济绩效是取决于企业内外诸多、复杂的因素的，所以从实证的角度去验证员工参与对企业经济绩效的影响本身就是非常困难的；因此，需要换一个角度，即从政治的角度来考察员工参与，就职工代表大会制度而言，其是我国民主制度的一种实践形式，具有超越经济功能的政治意义，而且从历史上看，员工参与制度也并非主要建立在经济因素基础上，往往是政治和社会因素促成的，这在我国的政治体制下更是如此。

蔡禾和李晚莲（2014）通过考察某一创建于1949年的大型国企的职工代表大会制度变迁史指出，一方面，推动国有企业建立和执行职工代表大会制度的动因主要是合法性逻辑，国家将其作为一种非国家形态的民主制度予以推行，以此获得人民对国家治理的合法性的认同，所以，企业职工代表大会制度的创建首先不是企业自身的组织需求，而更多的是承载了国家政治民主的功能，人民也将自身当家做主的政治权利投射到了企业管理上；另一方面，效率逻辑则成为制约国有企业践行职工代表大会制度的动因，如果企业的职工代表大会制度不能达到激发工人生产积极性的目的，反倒是占用企业生产经营时间，增加企业运行成本，那么管理者自然会使职工代表大会制度的运行走向形式化或仪式化。于是，在合法性逻辑和效率逻辑之间存在的这种张力，塑造了我国国有企业职工代表大会的制度实践历程。当合法性逻辑占主导时，职工代表大会的实践就会活跃，而当效率逻辑占主导时，其实践也就会被仪式化。所以，在很多国有企业中容易看到的一个事实就是，一方面职工代表大会的举办越来越有规律，其程序也越来越完备，但另一方面职工代表大会的内容却在不断被抽离，变得越来越形式化和仪式化。也正是在这种张力之下，李晚莲（2015）指出并解释了一些矛盾的现象，比如企业职工代表大会制度规则日趋“完善”与部分企业员工的消极评价的矛盾，部分企业管理者对职工代表大会的漠视与其周期性组织职工代表大会的实践的矛盾。

蔡禾和李晚莲所说的合法化逻辑和效率逻辑，实质上就是分别对应前面提及的制度化逻辑和理性化逻辑的。我国的员工参与现况在很大程度上是由这两种逻辑的交织作用所决定的。所以，一些研究者就指出了我国的员工参与体系的特征是既有传统的国有企业民主管理制度架构，又融合了各种外来的员工参与形式，而这种融合在不同所有制企业中表现出了不同的结构和效果（谢玉华、何包钢，2008；吕梦捷，2013）。

种种融合状态实质上就是两种逻辑交互作用的结果，而这种交互作用必然会随着外部制度环境的变化而变化，或者说，员工参与本身并非静态的，而是动态的。这也是关注制度化逻辑的研究者与关注理性化逻辑的研究者的区别所在，后者更多的是关注员工参与能否带来预期效果，所以主要集中于静态的定量考察，基本都是横向研究，而前者则较多地关注员工参与的制度变迁研究，在动态的纵向研究中更好地把握我国员工参与的独特性。

吴思嫣和崔勋（2013）就考察了在不同历史时期国有企业员工参与的特点。在计划经济时期，员工参与呈现政治动员的特征，首先，员工参与具有强烈的政治运动性，主要是作为政治任务通过行政渠道自上而下要求的；其次，员工参与活动具有突击性，往往作为提高员工积极性和完成生产任务的重要手段；最后，员工参与活动缺乏持续性，其持续时间往往取决于政治目标是否达成。因此，计划经济时期的员工参与更像是一项政治任务，虽然能够迅速得以普及，但其参与形式较为简单，员工也更多地处于被动状态，不怎么涉及个人权力和利益。进入经济转型时期后，国有企业的员工参与既有传统的职工代表大会和合理化建议等形式，又有职工董事、职工监事和质量小组等新形式，不过，这个时期由于强调管理者的权威，在很大程度上忽视了员工的话语权，并引发了“新三会”（股东大会、董事会和监事会）与“老三会”（党委会、职代会和工会）之间的摩擦，在这个过程中，对产权的重视高于对劳权的重视，致使员工参与出现形式化问题。在这种变迁考察基础上，吴思嫣和崔勋概括了国有企业员工参与的制度变迁特点。首先，这种制度变迁存在路径依赖特点；其次，管理者的控制权和员工的参与权限是此消彼长的关系，特别是随着政治目标让位于经济目标，管理者的权威不断挤压员工参与空间；再次，在变迁过程中，政府推动和企业自发探索之间相互补充；最后，员工参与的形式主义和实用主义并存，也就是说，改革开放以来，企业一方面要应对政府的制度要求，致使一些员工参与流于形式，但另一方面也会基于提高绩效的目的而主动推行某些员工参与形式。

制度化逻辑分析最为关注的是外部制度环境的变迁，这其中最重要的莫过于经济体制的变迁，这是理解我国员工参与特点的重要前提，所以一些研究者在研究员工参与时，就特别关注这种体制变迁带来的影响。比如冯同庆（2003）就特别指出，虽然国企改革的方向是从“政企合一”向“政企分开”转变，加强企业自主权，但事实上政府对企业的管束只是在“规范”性质上发生了转变，即利益性规范弱化，权利性规范增多。具体来说，在计划经济时期，国家通过行政的手段直接进行利益调节，改革后，利益性矛盾由企业内部自行调解，国家不再干涉企业内部经济利益的具体分配，而是规定各自应当享有的权利，而员工参与就是这样一种权利。又如张渤和杨云霞（2009）也分析了我国经济体制的变迁对员工参与制度的重大影响，在计划经济时期，员工的参与意识强、参与积极性高、参与程度高、参与范围广、参与方式多为直接参与，而进入社会主义市场经济后，员工的参与方式、范围、层次等都有所改变，特别是现代企业制度的建立，致使企业内部的权力结构发生了重大变化，强化了股东的主导地位，相应的员工地位及参与权也就被边缘化或弱化了。不过，制度环境并非总是不利于员工参与的，事实上，张渤和杨云霞也指出了一些有利的环境变化，比如全球性的公司社会化浪潮对我国员工参与就起到了推动作用，这种浪潮强调公司的存在不仅应该消极地无害于社会，更应该积极地有益于社会。其实，企业社会责任思想的提出也与这一浪潮密切相关，这些都在一定程度上影响了我国相关法律的制定或修订，赋予了员工一定的参与权。

四　员工参与与企业治理

无论是出于理性化逻辑还是出于制度化逻辑，员工参与已经以不同程度和形式普遍存在于绝大多数企业中，虽然其实际效果可能存在很大争议，并因此引发了员工参与的理论依据和法律政策的大量研究，但也有一些研究者以员工参与普遍存在这种事实作为既定前提，集中关注员工参与应该在企业治理中发挥什么作用的问题。这类研究主要关注企业治理结构中员工参与的内涵、形式、领域和权限等问题。

如前所述，国外研究者对员工参与概念的界定存在较为复杂的争论，不过国内研究者在概念界定上几乎没有多少争论，通常采用一种较为宽泛的定义。比如谢玉华和何包钢（2008）将员工参与界定为在工作场所中，员工通过一定的组织和程序参与和影响决策的过程；吕梦捷（2013）将员工参与定义为雇员参与雇佣组织的决策过程的机制；张震、马力和马文静（2002）将员工参与定义为员工介入管理决策制定和实施，通过与管理层的交互作用，参与和影响管理行为的过程。

在参与形式上，多数研究者直接借鉴国外研究者的区分。比如张震、马力和马文静（2002）直接采用国外研究者的分类方法，区分出三种参与形式，即“平行建议参与”（组织内部信息的上下传递，往往通过正式管理渠道进行，管理层掌握决策权）、“工作参与”（主要是团队协作）和“高等参与”（员工加入企业决策过程）；谢玉华和何包钢（2007）也借鉴国外分类方法，区分了直接参与和间接参与两大形式，前者包括工人自治和半自治工作团队，后者包括工人代表参与决策、财政参与、集体谈判和共同咨询等。

也有研究者立足于我国企业员工参与经验，概括出了我国员工参与的主要形式。比如谢玉华（2009）归纳出了 12 种主要形式，向上司反映工作意见和建议、合理化建议、民主生活会或民主议事会、员工持股、自主工作团队、工资集体谈判、职工进入董事会监事会、职代会和工会、意见箱或BBS等员工意见表达系统、企务公开、基层民意调查（或草根调查）、民主评议领导者。后来其又将这些形式归纳成了三个主要类型，即参与管理、参与监督和参与决策（谢玉华、张群艳，2013）。

不过相比而言，国内研究者讨论较多的是员工参与的领域和权限，并且聚焦于职工代表大会的职权问题，而这个问题实质上也是员工参与在企业治理结构中的地位和作用问题。

王全兴（1995）较早对此进行过详细探讨。他采用的是参与的广度和深度概念，所谓参与的广度指员工参与管理的事务范围，可以按照管理对象的不同，分为生产经营、人事用工和劳动待遇等事项，可以按照在管理中所处阶段的不同，分为决策事项和决策实施事项，在参与广度上需要考虑的是哪些可以由员工参与，哪些是应当或必须由员工参与；所谓参与的深度指员工参与管理时的介入程度或影响力大小，从低到高可以分为了解或过问情况、提参考性意见、质询或检查、提有约束力的意见、同意或否决、决定或批准。当然，这两个概念是相互交叉的，问题的关键也就是在什么事项上员工应该参与，以及有多大程度的参与。他认为对这个问题的解决需要考虑两个问题，一是资本利益和劳动利益的保障和协调问题，二是企业管理过程的效率和成本问题。此外，还应该考虑到两个因素，一是参与的客体方面，应考虑企业管理事项与劳动利益的联系、员工的需求以及市场中的时间性，具体来说，涉及劳动利益的事项或者被员工关心的事项，有必要纳入员工参与范围，而参与的深度则与该事项与劳动利益联系的紧密程度成正比，另外，考虑到市场中决策的及时性和灵活性，也不是所有事都必须有员工参与；二是参与的主体方面，应考虑员工的参与能力，如果员工素质总体较高，那么参与度就高些，而同一企业中素质高低不同的员工，其参与程度也有所差别。

在此基础上，王全兴（1995）提出了他对职工代表大会与“新三会”关系的理解。就职工代表大会与股东大会的关系而言，在议事范围方面，凡是只直接涉及投资者根本利益的事项（如投资方案），都列为股东大会的议事对象，而只涉及员工根本利益的事项（如福利基金使用），则列为职工代表大会的议事对象；在权限方面，对专属各自范围的议事内容，则分别由各自单独决定，但对于二者共同的议事内容，除了同员工利益密切联系的事项由股东大会初决、职工代表大会终决，其余一般是由职工代表大会初决、股东大会终决；在议事程序方面，二者都应实行审议表决模式，即先审查讨论再表决，而对于共同的议事内容，应实行复合审议制，联席审议、分别表决或者分别审议表决。至于职工代表大会与董事会以及与监事会的关系，则主要是监督与被监督的关系。

另有研究者谢增毅（2013）在考察目前一些地方立法后，将职工代表大会的主要功能归纳为“协商”和“监督”，即获取信息并提出意见和建议，对公司的经营进行监督。他认为，对于职工代表大会权限的设置，不应颠覆《公司法》中对“新三会”的权力配置格局，而应主要围绕知情权、协商权和监督权展开，这样也让企业愿意设立职工代表大会并使其发挥作用；此外，他也明确了企业不同机构之间的职责界限，股东大会是企业最高权力机构，决定公司的经营方针、高管人选等重要事项，职工代表大会的职权只限于解决与员工切身利益有关的劳动问题，并不参与决定公司重大事项，同样也不干预董事会的权力，只是在涉及劳动者利益的事项上有协商建议权，监事会主要是对企业财务和高管进行监督，而职工代表大会则主要监督企业是否遵守劳动法律法规，所以说，职工代表大会与“新三会”不是一种此消彼长的关系，设立职工代表大会更不会取消或动摇“新三会”的职权，而是各司其职。简言之，在涉及股东大会和董事会的事项上，职工代表大会主要行使审议建议权，而在涉及与劳动者切身利益相关的事项上，才享有同意或否决的权力。

从上述两个研究者的结论中可以看到，员工参与其实并非必然构成对企业经营管理者权力的威胁，而是在企业的治理结构中寻求自己的合适位置，以达成一种合理的劳资平衡。当然，也许是因为我国社会主义政治体制特点以及企业民主管理传统可能带来的一些误解，致使人们可能会想当然地认为员工参与就构成了对企业经营管理者权力的威胁，或者说二者是此消彼长的关系，致使员工参与容易走向形式化，或者变成了从属于企业人力资源管理的制度安排，所以，一方面我们需要对员工参与在企业治理结构中的位置进行理论上的澄清，但另一方面也需要策略性地让员工参与进入企业中，特别是非公企业中。于是，一些研究者对此进行了探讨，比如苗丰仁和王健翎（2004）建议在外资企业中，员工参与应以合理化建议活动为重要载体，另外可以建立一些专项管理委员会，比如劳务协议委员会、福利基金委员会、奖罚委员会、宿舍管理委员会和环境安全卫生委员会等，通过这种方式让员工能够参与企业日常管理；又如楼伟民（2004）探讨了非公企业中职工代表大会的权限设置问题，认为在非公企业中，不能套用国有企业的制度实践，而应主要集中落实四项职权，即对企业发展规划和生产经营情况享有审议知情权；对与员工切身利益相关的工资福利等重大问题，享有平等协商谈判权；对参加平等协商的员工代表或职工董事和监事享有选举罢免权；对企业中层管理人员的工作和业绩，以及企业执行劳动法律法规和履行集体合同情况享有评议监督权。

上述研究观点也许在一定程度上对国家的法律和政策的制定或修订产生了影响，以前面提及的2012年出台的《企业民主管理规定》为例，该规定就对不同所有制类型企业中职工代表大会制度的职权给出了不同的规范要求。

综合上述考察可以看到，我国的员工参与表现出独特的发展路径。在计划经济时期，我国特有的意识形态、政治制度和经济体制使得企业民主管理直接构成企业经营管理体制中的内在组成部分，形成了一整套独具特色的员工参与体系，虽然在具体的实践过程中可能存在一些局限或不足，但员工参与企业管理的权利至少在制度和观念上都具有当然性。不过，也正是因为这种参与体系是自上而下建立起来的，所以一旦支撑这种参与体系的特定体制出现变化，那么这种体系的当然性就很容易被弱化甚至瓦解，而这也正是改革开放以来的局面。此外，改革开放以来劳资矛盾的增加以及员工合法权益的表达、维护和改善的需要，也在很大程度上让员工参与成为焦点之一。总之，员工参与体系需要在新的条件下进行重构，这成了现阶段国内员工参与研究的基本处境，在这种处境下，近些年来国内的员工参与研究表现出如下几个主要特点。

第一，为员工参与的合理性或正当性寻求理论基础的研究非常多，如果将大量的政策性或倡导性的研究也考虑进来，那么这类研究几乎占了员工参与研究文献的大半部分。当然，此处只是简要梳理了一些注重学理分析的文献，从中可以看到，有的研究仍延续社会主义的政治和观念传统（如经济民主理论、劳动力产权理论），有的则借鉴国外一些新的经济学或管理学的理论（如人力资本理论、利益相关者理论及企业社会责任等），这些研究都试图从各个角度为员工参与正名。不过，反对意见也是存在的，虽然为数不多，但也意味着从理论上为员工参与进行辩护仍然有待进一步突破。

第二，通过考察与员工参与相关的现有法律法规和政策规定，并指出其中的不足或缺陷，以提出政策性建议的研究也较多，这类研究者也基本都预设了员工参与的合理性或必要性，他们则试图通过完善相关法律法规，让员工参与在理论依据之外，还能有更切实强韧的法律依据。同样，也有研究者持反对观点，不过反对者相对较少。

第三，虽然在理论依据和法律法规上仍存在一些争议，但由于我国政治体制特点，员工参与或多或少已经成为企业内部的制度化设置，特别是职工代表大会制度作为我国的传统和特色的员工参与制度，已经逐渐在多数企业中得到落实，但是这种独特的员工参与制度在企业治理结构中的角色与作用，特别是在公司制企业中与“新三会”的关系，也就成了主要的研究问题，而且这个问题仍有待进一步探讨。

第四，目前我国员工参与的实证研究相对薄弱。虽然有一些研究者对员工参与进行了定量研究，但这些研究的样本规模都不大，多是几百人的调查规模。此外，与国外研究所揭示出来的复杂性相比，国内的定量研究对员工参与同各种变量之间的关系的讨论相对简单，其结论基本都是认为员工参与能改善员工满意度和工作绩效等，甚至研究者预先就认定了这种正相关关系。如果没能发现这种正相关，他们通常将原因归结为员工参与形式化，而没有去深入思考其中内在的复杂性。另外，有少数研究者深入考察了员工参与的制度逻辑，这非常有助于理解和概括我国员工参与的独特性。事实上，唯有进入到我国员工参与的制度变迁史中，细致考察员工参与的形式、领域和权限等的变革，才能准确把握在我国特定的政治经济体制下，员工参与在基层的企业治理和政治民主中的地位和作用，进而为今后员工参与的合理设置和发展提供切实的政策建议。

第三章 中国式员工参与的制度变迁

在我们国家，围绕员工参与问题存在两套话语体系。一是现代管理学经常使用的“员工参与”话语体系，这套话语体系主要是改革开放以来，在国外人力资源管理中员工参与理念的影响下逐渐引入的，较早出现在外资企业，后来也逐渐被国有企业和民营企业所借鉴和参考，以改进企业内部的管理方式，激发员工的积极性。二是有着中国特色的“企业民主管理”或“职工民主管理”话语体系，这套话语体系可直接追溯至中国共产党创立之初，如今，无论是在国家的政治理论和意识形态宣称上，还是在具体的法律规章和组织制度上，都有较为系统的阐述或规定。在一定程度上，前者主要是站在企业的角度，且以企业绩效的改善为主要目标，虽然会兼顾员工的个人发展，但主要遵循经济的逻辑；而后者则主要是从国家的角度出发，有更多的政治理念和合法性诉求，虽然也会以此来推动员工和企业的发展及二者关系的和谐，但主要遵循政治的逻辑。目前，我国企业的员工参与结构在很大程度上是以后者为基本架构，并吸收和融合了前者的观念和方式，形成了一种独具特色的混合型结构。

所以，要理解我国员工参与结构的特点，就必须先理解我国“企业民主管理”的制度体系，而如前所述，中国共产党在创立之初，就在努力建构企业民主管理制度体系，显然，在不同历史时期，建构这种制度体系的理念、目标、方式等都会发生变化或调整，所以“企业民主管理”制度体系也必然处在不断变迁之中，但无论如何，经过长时期的探索、调整、发展和完善，这种制度体系的核心已经形成，其不仅构成了我国员工参与的基本结构，而且在很大程度上成了主导逻辑。因此，我们应考察我国企业民主管理的制度变迁史，以便更好地理解当前的员工参与状况。

第一节　企业民主管理制度的初期探索（1921～1949年）

中国共产党成立之初，就将组织和教育工人以及领导工人运动当作自己的中心任务之一，为此，1921年8月成立了领导全国工人运动的机关——中国劳动组合书记部。1922年8月，全国出现罢工高潮，中国劳动组合书记部利用当时北洋军阀政府召开“国会”制定宪法的机会，号召工人阶级开展劳动立法运动，并因此拟定了《劳动立法原则》和《劳动法案大纲》。

《劳动立法原则》的第三条就指出，劳动者应能“参加劳动管理”：“为解放劳动者并与以管理之经验计，应使其有参加经济机关、企业机关及国家劳动检查局之权利。现时雇主所以毫不顾及劳动者之利益者，即缘劳动者对于关系自己之业务，无参加管理之权，因此劳动者之利益，永不能有保障与进步。设吾等能有参加管理之权，则必能明了生产与经济之情况，改良工厂管理制度，并匡正雇主之错误。一方促进劳动阶级之利益，他方则为将来无产阶级管理工厂之准备，故吾等应要求法律承认劳动者有此种参加之权。”（中华全国总工会政策研究室，1986：2）

在此原则指导下，《劳动法案大纲》第十四条明确规定：“各种劳动者，有由产业工会或职业工会选举代表参加政府之经济机关、企业机关及政府所管理之私人企业或机关之权。”第十六条也规定“国家对于劳动者，应予以完全参加劳动检查局之权利”。此外，第十七条还要求“一切保险事业规章之订立，均应使劳动者参加之”（中华全国总工会政策研究室，1986：5）。

这应该是中国共产党最早提出或倡导的工人参与或企业民主

管理思想，在当时的处境下，其主要考虑的是通过这种参与来维护和增进工人权益，相对而言，这种要求也容易获得合法性支持，然后试图在这种参与过程中培养工人的参与能力，增进其管理意识和素养，为未来工人管理企业做准备。

当然，以上主要是一种设想，而要将其付诸实施，则必须有相应的经济基础，这就要到苏维埃政权建立并开始发展自己的工业之时了。当时，主要为了服务军需，中央革命根据地开始建立自己的工业企业。1932 年，中央革命根据地拥有了兵工厂、机械局、被服厂、造纸厂、制药厂和硝盐厂等公营工厂企业。据不完全统计，1934 年 2 月，中央苏区大概有 32 个公营工厂，职工 2000 余人；1935 年 5 月，川陕根据地公营工厂企业覆盖了兵工、被服、纺织、钢铁、煤炭、造纸、造船、斗笠、制盐、火柴等 16 个行业，有职工 5000 余人（王持栋，1986：309 ~ 310）。

总体上，当时的生产条件非常简陋，从上述数据可以估算出，当时这些工业企业的生产规模大都偏小，此外，工厂同军队一样实行供给制，所以那时工厂的管理较为简单，其民主管理制度与整个企业的管理制度都处于探索阶段，但一些核心要素已经逐渐形成。

在企业民主管理的目标或意义上，与此前的《劳动立法原则》相比就有一些细微的变化，因为这些都是公营工业企业，而且都是服务于军需的，所以，1930 年 12 月发布的《中华全国总工会对于苏维埃区域工会工作计划大纲》中就明确指出，“在苏区政府所经营的产业与企业中，赤色工会有特殊的任务。在这儿，赤色工会要站在保障红军安全和苏维埃政府的原则上，很灵巧地把保护工人经济利益、改良工人生活标准的工作与积极拥护和参加管理经营苏区政府的企业及产业工作相联系起来……可以由每一企业中的全体工人选举组织工人管理委员会，使这些企业中的生产和经营能适合苏维埃政府的利益，保障红军的给养和苏维埃政权的经济政策……自然在苏区政府所经营的企业中，工人直接参加企业的经营，特别重要的是在私人资本和外国资本的企业中的工人管理委员会，和其他的机关，我们要应用管理委员会、工厂委员会和工厂会议，去进行建立这一工作——监督生产的工作”（中华全国总工会政策研究室，1986：7～8）。

可见，在非公营的企业中，企业民主管理的意义主要在于监督，而在公营企业中，则更多的是促进生产经营。这种允许和鼓励工人直接参加企业的经营和管理的制度设计，一方面固然是为了以此来激发工人的生产积极性，让工人能够以“新的劳动态度”来对待工厂工作；另一方面则在一定程度上是因为苏维埃政府本身也是刚开始创建工业企业，缺乏经营管理企业经验，特别是缺乏经济管理干部。事实上，这种经济管理干部的缺乏在很长时间里一直存在，比如，1943年4月20日，洛浦（张闻天）在陕甘宁边区直属各公营工厂会议上的讲话中就指出，“工业生产……我们现在特别感觉到优秀干部及人力的缺乏”，“我们比较有不少政治干部、军事干部、文化干部，但经济干部，尤其是管理工厂有经验的干部则甚少”，所以公营工厂的一个重要任务就是培养管理工厂的干部（中华全国总工会政策研究室，1986：64，66）。1944年5月20日，刘少奇在陕甘宁边区工厂职工代表会议上的讲话中也指出，“有很多同志……要他做经济工作、做工厂工作就不高兴，他们说干这一行没有前途……特别是长征过来的，他们总喜欢带兵打仗，可以当团长、当旅长”（中华全国总工会政策研究室，1986：99）。在这种情况下，也必然要求通过这种群策群力的方式来共同经营和管理企业。

不过，这种原始的共同经营和管理企业的方式，很快就暴露出一些弊端，其中尤为重要的就是缺乏企业生产经营所必需的责任制，容易造成无人负责的局面，并引发生产中的种种问题。为此，刘少奇在《论国家工厂的管理》中就指出了当时存在的这些问题，比如每月的生产计划不能完成，在材料浪费严重的同时却几乎所有工厂都喊“材料缺乏”，工厂材料器具失窃的事件很多，更为严重的是，“子弹做了几万打不响，枪修好几百枝不能打，刺刀做了几百把不能用，棉衣做了几万套不好穿……我们在工厂中负有绝对责任的厂长管理员等，自己不能发觉，没有知道，而要把这些‘坏货’再花上多少的人工送到前方，由前方红军打电报回来，他们才知道他们工厂里发出的货要不得”（中华全国总工会政策研究室，1986：34）。在分析其原因时，刘少奇认为，除了“反革命分子的破坏和捣乱，有流氓落后的分子和混蛋的怠工，偷懒”，“工厂管理机关的官僚主义的领导”以及“我们同志在管理和计划生产方面的毫无经验等”，还有一个重要原因，就是“没有建立真正的工厂制度”，在这种情况下，不仅厂长的权限缺乏正式的规定，甚至会出现由工会小组长来管理各部分生产的情况，而有些厂长也宣布说“工会要怎样办我就怎样办”（中华全国总工会政策研究室，1986：34）。

可见，工人参与管理如果缺乏一定的限度，那么很可能就会走向反面。所以，刘少奇强调，要建立真正的工厂制度，“必须把工厂中的完全的个人负责制建立起来。厂长对于全厂的生产与行政，负有绝对的责任，因此，他有权利来决定和支配全厂的一切问题，在不违反劳动法的范围内，关于工资，工作时间，生产数量，以及调动，处分和开除工人职员等，厂长是有完全的权利决定与执行。但厂长在决定各种问题时，必须事先与党的支部书记和工会主任商量，尽可能取得他们的同意，配合党与工会的系统来一致执行。但党的支部书记与工会主任不同意时，厂长有最后决定执行的权利（有政委时一定要得到政委同意），并同时提到上级机关来讨论。我们现在要用这种‘三人团’的方式来管理我们的工厂。工厂的管理委员会应该是在厂长之下的，讨论与建议的机关”（中华全国总工会政策研究室，1986：34～35）。这样，在企业的生产经营问题上，厂长有了更大的决定权，不仅如此，为了配合厂长的这种集中的行政指挥权，刘少奇指出，必须清楚规定各科的科长与生产部门的主任（工头）的责任与权利，在他们之下还可以设置领班，这些科长、主任或工头和领班等人都是对其上级行政领导负责的（中华全国总工会政策研究室，1986：35）。

这样，围绕企业的生产行政事务，初步建立起了一个相对集中的生产指挥系统，当然，在这个系统中，也融合了民主管理的要素，根据1934年4月10日颁发的《苏维埃国有工厂管理条例》，“在厂长之下，设工厂管理委员会，由厂长，党支部代表，工会代表，团支部代表，工厂其他负责人，工厂代表等五人至七人组织之，开会时以厂长为当然主席，以解决厂内的重大问题，管理委员会内组织‘三人团’，由厂长党支部代表及工会支部代表组织之，以协同处理厂内的日常问题”。所以，在企业生产经营管理架构中，工人通过工会代表或工人代表来间接参与管理，其组织形式是“三人团”和“工厂管理委员会”，但在这种间接的民主参与中，厂长仍然是国有工厂的负责者，由上级苏维埃机关委任，“对于厂内一切事务，有最后决定之权”，“厂内其他人员或组织，如对厂长的决定有不同意时，可向该管上级机关控告，但在上级机关未废除厂长的决定以前，绝对无权停止决定的执行”（中华全国总工会政策研究室，1986：40~41）。此外，同样是在1934年4月10日颁发的《苏维埃国家工厂支部工作条例》，对“三人团”的组织结构和内在职权做了进一步的明确界定，“三人团”由厂长、工会委员会、支部书记组成，由厂长召集会议，“如会议发生争执最后取决于厂长。如支部或工会不同意厂长的最后决定，仍须执行厂长的意见，支部或工会可将意见提交上级解决之。有政委的工厂，政委参加三人团会议，政委有最后决定的权力”（中华全国总工会政策研究室，1986：44）。

大体上，直至抗日战争结束，根据地公营工业企业的间接性或代表性的民主管理，基本都是采取“三人团”形式，除有些地区在具体的工作内容和方法上有所改进。此外，工人的参与还存在很多直接参与形式，不过这些直接参与主要体现为劳动过程中的参与，即动员和鼓励工人积极主动地参与到劳动创造过程中来，改进生产技术，提高劳动效率，改善劳动制度等。在这方面，刘少奇也强调了这种直接参与的重要性，“在国家工厂中我们应该把组织与提高工人的劳动生产热忱，作为最重要的任务，组织群众的生产竞赛，组织生产突击队，发明新的技术，增加工作的速度与效能，应该看做提高国有工厂生产力的主要方法……必须从加强工作速度，改良技术，节省材料，改善生产品质量各方面来努力”（中华全国总工会政策研究室，1986：36）。

简言之，工人参与企业民主管理，一方面是通过工会参加“三人团”的间接参与形式来实现，另一方面则是通过劳动竞赛、“欢迎生产计划的运动”等劳动过程的直接参与形式来实现（王持栋，1986：314；郭英，1987：86～87）。这种参与结构，基本上就是后来企业民主管理的雏形。

在抗日战争时期，公营工厂企业在大生产运动中迅速发展，以陕甘宁边区为例，1937 年以前，公营工厂企业只有修械所和被服厂，工人不到 100 人，1943 年，公营工厂企业发展到 62 家，职工 3990 多人，有了炼铁、机械、硝酸、造纸、纺织、玻璃、陶瓷等行业。在晋绥边区，1942 年就有了修械、化学、纺织、造纸等 31 家工厂（王持栋，1986：315）。不过，也正是随着工业企业规模的扩大，又开始出现新的企业管理问题：在陕甘宁边区一些工厂，自 1940 年开始出现了“三人团”中的行政、党支部、工会各行其是的现象，有的厂长独断专行，认为党支部和工会可有可无，致使党支部和工会也不关心工厂的生产计划，对行政上的官僚主义也不批评；也有的则反过来，一些工会不顾战争时期的实际困难，带头要求过高的增加工资，鼓动工人罢工、表现出浓厚的经济主义倾向（王持栋，1986：316；郭英，1987：89）。

这种现象必然造成工厂生产的混乱，1942 年《中央职工运动委员会对陕甘宁边区公营工厂职工工作的指示》中就特别指出，在一些公营工厂中出现了工人不能安心参加生产工作，轻视技术，劳动纪律废弛，生产情绪低落与生产效率低下，浪费时间与资材等问题。此外，也指出了在一些工厂常常发生党的支部及职工会，干涉工厂行政的现象，在这种情况下，该指示明确指出，“三人团（或工厂委员会）的性质和职权，应当确定他不是行政的组织，他的作用，只是为了协调工人与工厂的关系，推动职工执行生产计划。工厂党的支部和职工会，不得干涉工厂生产计划和行政管理事宜，厂方亦不得直接干涉支部和职工会工作。如互有意见时得提出三人团讨论之，如遇争执，不能解决时，得各向其直属上级提出，共谋解决，但有关生产行政问题之争论，厂长有最后决定之权”，“党的支部及职工会一切活动，应以保障生产计划的完成作中心，应将提高生产效率，减低成本，彻底完成生产计划作为检验工作好坏的尺度”（中华全国总工会政策研究室，1986：47～49）。

1942 年 12 月，毛泽东就此在边区高干会议上指出：“使一切工厂实行企业化。一切工厂，应以自己经济的盈亏为事业的消长……一个工厂内，行政工作、党支部工作与职工会工作，必须统一于共同目标之下，这个共同目标，就是以尽可能节省的成本（原料、工具及其他开支），制造尽可能多与尽可能好的产品，并在尽可能快与尽可能有利的条件下推销出去。这个成本少、产品好、推销快的任务是行政、支部、工会三方面三位一体的共同任务……党与工会的任务就是保障生产计划的完成。”（中华全国总工会政策研究室，1986：60～61）

所以，在一定程度上从这个时候起，公营工厂的“企业化”经营问题，即提高效率、促进生产成了核心问题或任务，这是党政工的共同任务和目标，而且这又必然要求企业生产经营管理在行政上的进一步集中化，所以，必须赋予厂长在生产行政问题上的最后决定权。

在这种情形下，陕甘宁边区政府在 1943 年 3 月至 4 月召开了直属各公营工厂会议，当时参会的主要是各工厂的厂长、党支部书记和工会主任。张闻天在会议上的讲话就指出，公营工厂的基本原则是“经济核算”，即“必须很好的计算成本与利润。怎样最能节省的使用原料、材料，怎样最能合理的使用生产工具与保护生产工具，怎样最能发挥工人职员的劳动积极性，怎样最能使一切生产工具上的改进以提高生产力。总之一句话，一个好的工厂厂长，必须很好的计算这一切，使他的工厂产品不但数量多，而且价廉物美。这就是工厂的经济核算制”。但在过去，公营工厂往往“还带着浓厚的行政机关内的供给部性质。他们买进原材料，雇佣工人，制造生产品以供本部门的需要，至于工厂的一切费用，则向本部门实行预决算，实行报销制。本部门只问工厂是否完成生产任务，至于工厂是否办的合理，生产的是否经济，那是不问的……因此，工厂产品成本比私人工厂要高，价格比市场上买来的要贵”。所以，“必须使工厂企业化，实行工厂的经济核算”，而且，唯有建立起了这样的经济核算制，“才能在工厂与工厂之间引起生产合理化的竞赛，才能推动各工厂创造出各种各样提高生产力的办法，如淘汰冗员，节省原料，反对浪费贪污，加强工人教育，提高劳动纪律，改善管理制度，改变平均主义的工资制度等”（中华全国总工会政策研究室，1986：66～67）。而为了推行这种经济核算制，实现工厂企业化，就要彻底改变现有的工厂管理模式，“必须贯彻工厂管理一元化的方针。工厂是一个统一的生产单位，有一定的生产任务，他只有由政府、厂长集中管理时，才能把工厂办好，多头的分散的管理，只能把事情弄坏”。这里的工厂管理一元化是指“工厂应该只同政府的一个管理工厂的部门发生关系……在工厂内部，厂长代表政府，集中管理工厂内部的一切，凡有关生产上的一切问题，他均有最后决定之权”（中华全国总工会政策研究室，1986：70）。至于工厂内的党支部和工会的工作，则“也必须以完成工厂的生产任务为其基本的唯一的内容。一切党内的、工会内的教育与活动，只有对提高工人的劳动热忱与劳动纪律有帮助时，才有意义”（中华全国总工会政策研究室，1986：71）。

在该会议上，邓发的讲话则专门针对党支部和工会的工作提出要求，他首先指出了当时存在的问题，即“极大多数工厂党的支部及职工会与工厂生产任务是脱节的，甚至有某些党的支部及职工会同工厂行政是处于对立地位……各厂党的支部和职工会工作，并没有掌握在自己工厂里的中心任务是为了提高生产标准、提高质量、减低成本而斗争，因此既不过问生产计划，当然谈不上讨论和检查生产计划的执行，更谈不上如何经过职工会动员群众，采取必要手段来提高工人生产热忱，维持劳动纪律，反对怠惰和浪费的斗争"。当然，他也批评道："有些工厂的行政领导干部……认为党和工会在工厂里是可有可无的一种组织……既不依靠支部去督促检查党员的工作和思想行为，也不依靠支部和职工群众的力量去完成生产任务。"（中华全国总工会政策研究室，1986：75～76）

所以，经过此次会议后，基本确立了公营工厂管理的一元化领导格局，这对于企业化经营来说是必然要求。当然，在强调工厂管理一元化的同时，并没有否定企业民主管理，更没有否定工人在劳动过程中的参与的重要性。对此，朱德还曾特别强调说："在技术水平很低、机器又旧又少、动力根本缺乏的条件下，高度的生产热忱是进行生产中特别重要的因素。热忱和熟练，这几乎是我们提高生产上唯一的和最有效的办法。怎么提高生产热忱呢？我们过去的经验证明了革命的生产竞赛的确是提高生产的有力武器。"（中华全国总工会政策研究室，1986：52）因此，就必须教育工人"认清自己的事业和责任，用新的态度来参加劳动……应当最积极的为了实现中国人民的伟大理想——建设新民主主义的新中国努力。他们今天的工作便是这种建设的一部分，这种劳动是最光荣的……要在工人中灌输以新的劳动精神：严守纪律，高度的劳动热忱，和向上的进取心"（中华全国总工会政策研究室，1986：50～51）。

不过，陕甘宁边区政府在推行工厂领导一元化的过程中，虽然解决了党政工人各行其是的问题，但又出现了矫枉过正的情形。比如，工厂不召开厂务会议，厂长只管下命令，甚至一个人代替了党支部和工会的工作；或者一些党支部书记和工会主任不负责任，把所有责任都推给了厂长（中华全国总工会政策研究室，1986：86～87）。在这种情况下，1944 年 5 月，陕甘宁边区政府又召开了职工代表会议，刘少奇的讲话指出，“我们管理工厂的方针应该是：用一切方法与工人采取合作，依靠工人的积极性；工人也应该以一切方法和工厂合作”（中华全国总工会政策研究室，1986：101）。会后还发布了《陕甘宁边区工厂职工代表大会宣言》，提出要“正确的实行领导一元化，领导要与群众相结合，团结全厂职工”（中华全国总工会政策研究室，1986：107），宣言还进一步倡导要发展与坚持赵占魁运动，其目的在于建立职工新的劳动态度，发挥创造，提高技术，为产量高、质量好、成本低，完成工业建设任务而奋斗（中华全国总工会政策研究室，1986：107）。

在这些经验和教训的基础上，1946 年 5 月发布了《中共中央关于工矿业政策的指示（草案）》，其中特别指出，“公营工矿应一律企业化，实行严格的经济核算，成本会计，实行营业制”，而且要“按多劳多得的合理原则，实行全面工资制，否定战时性的平均主义的供给制”（中华全国总工会政策研究室，1986：111）。此外，又再次强调了，要继续“开展赵占魁运动，克服经济主义与技术宗派主义，首先改变雇佣观点的劳动态度，继之以群众性的技术改进，使熟练工人与不熟练工人结合起来，使技师与工人结合起来，大大的提高生产”（中华全国总工会政策研究室，1986：113）。显然，这概括了以往的企业管理的模式，一方面是围绕企业生产经营的企业化运作要求，建立起相对集中的行政管理体系，其主要形式是工厂管理委员会和厂务会议，其中工人的参与是间接性或代表性参与，而且参与的内容是围绕企业的生产经营展开的；另一方面则是强调自下而上的群众性参与（最典型的是赵占魁运动），这是种直接参与方式，且主要是劳动过程中的参与。

这样就有了两条比较重要的工人参与渠道，一是通过工会代表或工人代表参与工厂管理委员会，围绕企业的生产经营或决策的间接参与；二是在劳动过程中进行的全员性的直接参与。不过，这其中存在一些不充分性，在前者中，虽然有工人代表进入了工厂管理委员会，真正参与了企业的生产经营管理，但其人数极为有限，而且在工人代表与工人群众之间还缺乏一种制度化的联系载体；在后者中，虽然几乎实现了全员参与，但主要是围绕具体劳动过程进行的技术革新和提出合理化建议的活动，其目的是提高劳动强度和效率，几乎不怎么涉及企业实质性的经营管理职能，而且也几乎不怎么涉及工人的权益问题。这样就似乎构成了两个极端，一个极端是极为有限的代表主要围绕生产经营管理的参与，另一个极端则是几乎全员性的但主要围绕劳动过程的参与，所以在中间似乎缺少了一个代表程度更高或范围更广，不仅围绕企业生产经营问题，而且也围绕工人权益问题进行集体性的制度化参与的渠道或载体。而此次的指示也特别指出："某些管理制度，如厂房规则等的拟订，必须是经过工人群众的，内容是群众性的也依靠工人群众去执行。在工人已有相当觉悟并组织起来时，可由工人自选代表，代替工头，实行工人自己民主管理。"（中华全国总工会政策研究室，1986：112）

这就需要设计出一种新的且是集体性的参与渠道或制度安排，让工人不仅能够（直接或间接的）参与企业的生产经营管理，而且也能够进行自身的利益表达。这在1948年8月召开的第六次全国劳动大会上得到了回应。

该大会通过了《关于中国职工运动当前任务的决议》，决议首先明确指出，"国营公营企业，必须切实改善经营和管理工作，方能达到原料足成本低质量好数量多销路广的目的。这个任务的解决，主要在于贯彻企业化原则和实行管理民主化。为了贯彻企业化原则，就要制定周密的生产计划，实行从原料生产到推销的全过程中的经济核算制度，就要以经营能力、劳动技术，及尽忠职责为用人标准，推行考工制度，保证合理的劳力条件，做到机构合理，职工精干，各称其职，就要实行严格的个人负责制度、劳动纪律与赏罚制度，实行劳动检查与成品检验，做到人尽其责，功过分明，赏罚适当。为了实行管理民主化，需要在各企业各工厂中，建立统一领导的工厂或企业管理委员会，由经理或厂长工程师及生产中其他负责人和工会在工人职员大会上所选出的代表（相当于其他委员的数量）组成之工厂或企业管理委员会，在上级国家企业机关领导之下，为工厂或企业中的统一领导机关，由经理或厂长任主席，讨论并决定有关工厂或企业管理和生产中的各种问题。在工厂或企业管理委员会多数通过的决议，如经理或厂长认为与该厂或该企业利益抵触或与上级指示不合时，经理或厂长有停止执行之权，并报告上级请求指示，如工厂管理委员会多数委员认为经理或厂长的这种措施不适合或对其报告有异议时，亦可将自己的意见同时报告上级一并请求指示，但在未得到上级指示前，应执行经理或厂长的决定”（中华全国总工会政策研究室，1986：120~121）。同时，该决议进一步提议，“在五百人以上的大工厂，还可由各部门职工（包括学徒）代表组成工厂代表会议，在工厂管理委员会领导之下，传达和讨论工厂决定、生产计划与经验的总结，以便更多的吸收群众建议与批评”（中华全国总工会政策研究室，1986：121）。

该决议首先将经营和管理做出了区分，并且明确指出经营上应贯彻“企业化原则”，而管理上则应贯彻“民主化”原则，前者是以生产为中心，要“实行从原料生产到推销的全过程中的经济核算制度”，因此在一定程度上是追求效益的最大化，而后者则要考虑人的因素，在可能条件下去满足工人的合理诉求，以激发和调动工人的积极性。为此，一方面要在公营工厂中普遍建立工厂管理委员会，其中吸纳一定的工人代表，在一定程度上满足民主化的要求，但仍以厂长为核心，赋予其在工厂管理委员会决策时的最终决定权，这是遵循企业化的原则；另一方面要组建工厂代表会议，让更多的工人能够参与“讨论工厂决定、生产计划与经验的总结”，并提出建议与批评，实现管理的民主化原则。从这个决议中可以明显看到，中国共产党在实践经验中逐渐形成了对企业领导制度的理论认识，这不仅表现为开始在分析意义上区分经营和管理，还进一步认识到，企业民主管理或工人参与应被限定在一定的范围或领域，同时其参与程度也应该有一定的限度，以此来激发工人的积极性，而并非简单地等同于工人控制，事实上，决议再次强调了作为领导机关的工厂管理委员会中厂长的决定权，而新设计的有更多工人参与的工厂代表会议的职权主要是建议、讨论和批评。

其后不久，在1948年10月10日，中共中央东北局发布了一个《中共中央东北局关于接收敌伪和蒋占企业后的改造管理与工会工作方针的决议（草案）》，再次指出了许多公营企业中存在的问题，而其中“最重大的缺点，就是缺乏科学的生产管理制度，对于生产计划没有详细的规定，对于原料保证不足与使用不合理，对于机器与劳动力使用不当，对于劳动过程没有仔细的研究，对于成本费没有精密的计算，甚至对于生产工具、原料、产品、劳动力都没有正确的登记和统计，因此浪费原料，浪费工具物资，浪费劳动力的现象非常严重，造成企业以至国家的财产上的重大损失”。为此，一方面需要“善于在政治上动员和组织工人的生产积极性”，另一方面还必须“加上科学的管理与生产合理化”（中华全国总工会政策研究室，1986：133）。

而且，该决议还更进一步指出，目前“工人群众自发的提出了工人当家的口号”，“但是若把这一口号提高为管理企业的方针，就必然发生工人与职员对立，以及与行政对立的极端民主化的偏向……现代企业的生产，要求有厂长的集中领导，要求有严密的劳动纪律……把工人当家口号当做管理企业的方针，是不妥当的”。当然，该决议也指出“不给工人以应有的民主，不了解依靠群众是我们管理企业的基本原则，而单纯强调行政管理甚至实行军事管理，这足以妨碍工人劳动态度的改变、劳动积极性的提高，而大大有害于发展生产”（中华全国总工会政策研究室，1986：132～133）。所以，工人参与的主要意义在于通过参与来改变工人的劳动态度和劳动积极性，而并非直接领导企业的生产经营，走向“极端民主化”。为此，“吸收工人参加生产管理的办法，建立由厂长领导的、吸收行政技术重要人员和工人代表参加的工厂管理委员会，讨论生产任务，厂内各种制度规章、工人福利等事项……厂长有最后决定权”（中华全国总工会政策研究室，1986：132～133）。此外，就是建立工厂代表会议，让工人能享有更充分的参与。

至此，企业领导制度至少在领导原则和组织形式上变得非常清晰了，正如刘少奇1949年5月在华北职工代表会议上的讲话中所说的，在领导原则上是“工厂经营的企业化”和“工厂管理的民主化”；体现在组织形式上，分别是厂长有最后决定权的工厂管理委员会和职工代表会议（中华全国总工会政策研究室，1986：138）。

随后，《华北人民政府关于在国营、公营工厂企业中建立工厂管理委员会与工厂职工代表会议的实施条例草案》和《陕甘宁边区政府关于在国营公营工厂企业中建立工厂管理委员会与工厂职工代表会议的组织规程》先后于1949年8月和10月颁布，强调国营、公营工厂企业，都要建立企业或工厂管理委员会与职工代表会议，并对二者的构成和职权做了初步的规定。

工厂管理委员会由厂长（或经理）、副厂长（或副经理）、总工程师（或主要工程师）及其他生产负责人和相当于以上数量的工人代表组成，其性质是“在上级工厂企业管理机关领导下的工厂企业中统一领导的行政组织”，其任务或职责是“根据上级企业领导机关规定之生产计划及各种指示，结合本厂实际情况，讨论与决定一切有关生产及管理的重大问题，如生产计划、业务经营、管理制度、生产组织、人事任命、工资福利问题等，并定期检查与总结工作”（中华全国总工会政策研究室，1986：148～149）。可见，工厂管理委员会是企业经营的领导机关，工人代表参与其中的讨论和决策，但“工厂管理委员会以厂长（或经理）为主席”，而且当内部出现意见不一致时，虽然需要将这种异议报告上级，请求指示，但厂长（或经理）有最终决定权（中华全国总工会政策研究室，1986：149～150）。

在管理上，则要求凡是职工有两百人以上的国营、公营工厂，必须组建职工代表会议，至于两百人以下的工厂，则每月召集全厂职工会议一次或两次。职工代表会议的职权就是“听取与讨论管委会的报告，检查管委会对于工厂的经营管理及领导作风，对管委会进行批评与建议”（中华全国总工会政策研究室，1986：150～151）。

总之，在中华人民共和国成立之前，中国式员工参与或民主管理的基本原则和组织形式已经确立，当然这是在长期战争环境下逐步探索出来的，其间不免有些周折，特别是在生产经营上的一元化领导和民主管理之间，出现过摇摆。但至新中国成立初期，企业民主管理的架构基本清晰了，具体表现为两个层面。一是通过工人代表进入工厂管理委员会参与企业经营，虽然这种参与具有一定的决策权，但工人代表人数较少，而且厂长具有最终决定权。二是通过职工代表会议的形式参与企业管理，主要是听取和讨论工厂管理委员会的报告（报告者当然是厂长），对其提出批评和建议。可见，即便是在中国共产党领导下的公营工厂中，企业民主管理也绝不等同于工人控制或工人自我管理，企业经营的领导机关仍然是以厂长为主要决定者的工厂管理委员会，而工人在管理上的民主参与更多的是一种建议和讨论，即在一定程度上，这是一种一元化的行政领导体制。

另外，在这个阶段，企业民主管理制度的推行在很大程度上是为了改变工人的劳动态度，激发其生产积极性，从而提高生产效率；当然，经济干部的缺乏也在一定程度上要求通过工人的积极参与来弥补这种不足。换言之，这是一种以生产为中心的参与制度架构，这种制度设计最明显的体现是在工人参与的内容或范围上，工人主要围绕工厂的生产活动参与讨论和建议，而鲜有关于工人自身权益方面的内容。这也在很大程度上体现在上述的两个层面的组织架构设计上，这种设计围绕一元化的行政领导体制展开，后者则服从于生产的需要。至于各种群众性的生产运动中的参与或者劳动过程参与，更是为了满足提高劳动生产率的要求。

当然，在这个阶段，企业民主管理的架构更多的是一种雏形，其中内在的逻辑，特别是经营与管理的复杂关系以及企业民主管理（特别是职工代表会议）的具体职权范围和程度，都需要进一步的厘清和界定，并且其职权范围和程度都将随着政治经济环境的变化而不断变迁和发展。

第二节　企业民主管理制度的曲折发展（1949～1978年）

自1948年起，解放军陆续攻克许多大城市，中国共产党也先后提出了关于解放区城市工作、经济建设和工人运动等问题的重要方针政策，特别是在1949年3月，党中央在西柏坡召开了七届二中全会，毛泽东在会上指出，“党的工作重心由乡村移到了城市”，“必须用极大的努力去学习管理城市和建设城市”，“从我们接管城市的第一天起，我们的眼睛就要向着这个城市的生产事业的恢复和发展……城市中其他的工作，都是围绕着生产建设这一个重心工作并为这个中心工作服务的”。而在城市工作中，“我们必须全心全意地依靠工人阶级”（薄一波，2008：18）。

在这种大背景下，企业领导体制问题就不再只是经济问题，而更多的具有了政治内涵。正如后来薄一波（2008：11）在回忆中所说的那样：“政治不能代替一切，不能不顾及经济；但是，如果不注意从政治上考虑问题，只看眼前，不看将来，只看到一个侧面，不看到全面，只看经济上是否吃得消，不看政治后果如何，这样的政策对党和人民事业的发展是不会有利的，最终也是行不通的……人总要吃饭，包下来，进行教育，再转入生产的办法比较好。”所以，在当时就对城市绝大多数原有职工实施“包下来的政策”，“三个人的饭五个人匀着吃，房子挤着住”（薄一波，2008：10）。这就意味着，工厂企业在这个时候就必须具有政治性质了，工厂不仅需要恢复和发展生产，同时要承担起吸纳就业和维护稳定的职责，并且也是贯彻“全心全意依靠工人阶级”这一基本方针的主要载体。

在这种形势下，企业民主管理被提到了一个非常重要的政治高度，同时也被赋予了重要的经济意义。这直接表现在1950年2月6日党中央通过《人民日报》发表了《学会管理企业》的社论当中。社论明确指出新民主主义企业与官僚资本企业和一般资本主义企业的一个根本区别，“就在于一切旧的资本主义企业是依靠压迫方法来强制工人劳动生产……新民主主义的人民企业的管理，则必须启发和依靠工人群众主人翁的感觉，发挥工人群众的生产积极性和创造性，以便工人群众能够自觉地进行劳动。把原来被机器支配的奴隶，变成管理机器的自觉的劳动者……因此，在一切国营公营的工厂企业中，必须坚决地改变旧的官僚主义的管理制度，实行管理民主化，建立工厂管理委员会，吸收工人参加生产管理，以启发工人的主人翁的觉悟，发扬工人的自觉的劳动热情”（中华全国总工会政策研究室，1986：162～163）。“工厂管理委员会是工厂企业中以厂长为首的统一领导机关……把厂内的一切重大问题，都提到工厂管理委员会上去讨论，真正吸收工人参加生产管理，才能使工人亲身感到自己是企业的主人，而发挥对生产的积极性与创造性。工厂中的职工代表会议，应当与工厂管理委员会相辅而行，成为在工会领导下组织和领导群众生产运动，传达领导者意图和吸收群众意见的组织形式。职工代表会议每次开会时，厂长与其他行政负责人应出席做报告，听取群众的意见和批评，并把群众中各种好的建议迅速地实现起来。”（中华全国总工会政策研究室，1986：163～164）

很快，在1950年2月28日，中央人民政府政务院财政经济委员会发出《关于国营、公营工厂建立工厂管理委员会的指示》，指出“工厂企业中，必须把原来官僚资本统治时代遗留下来的各种不合理的制度，进行有计划有步骤的一系列的改革。这个改革的中心环节，就是建立工厂管理委员会，实行工厂管理民主化，使工人亲身感到自己是企业的主人，而改变劳动态度，发挥其生产积极性与创造性”（王持栋，1986：330）。

由此可见，在新中国成立初期，企业民主管理就被赋予了双重的重要意义，首先是政治意义，体现工人阶级主人翁地位的意识形态要求；其次是经济意义，通过这种民主参与来激发工人的劳动积极性和创造性，以恢复和发展城市生产事业。在具体组织形式上，就是在国营公营工厂企业中普遍推行工厂管理委员会和职工代表会议。同时，在私营企业中普遍采取了劳资协商会议等形式，实行了一定程度的民主管理，体现了工人阶级的监督（郭英，1987：93～94）。

此外，与这种在经营管理层面的民主参与相结合的是劳动过程中的员工参与，即群众性的合理化建议，创造生产新纪录，推广先进生产经验和社会主义劳动竞赛等活动。至于这种参与，更多的也是为了发挥工人的主人翁积极性，从而提高劳动生产率。比如，纺织系统推广郝建秀工作法和“一九五一”织布工作法，建筑系统推广苏长友砌砖法，铁路系统推广李锡奎调车法，煤炭系统推广施玉海的安全经验和马六孩的快速掘进法，机械工业推广黄润萍的仓库管理法。据全国总工会统计，1950 年全国有 68.8 万人参加了劳动竞赛，1951 年增加到 238 万人，1952 年“三反”“五反”运动后，全国参加爱国增产节约运动的职工占了全部职工总数的 80% 以上（王持栋，1986：333）。

由此可见，新中国成立初期，企业民主管理基本是对解放战争时期形成的企业民主管理形式的延续。不过，在 1950 年代的前几年中，围绕企业领导体制问题出现过一次重要的变革，虽然这个变革主要是围绕企业党委和企业行政展开的，但也在很大程度上对企业民主管理产生了影响。

1951年5月，中共中央东北局召开城市工作会议，通过了《关于党对国营企业领导的决议》，该决议指出，国营厂矿中的党政工团都应以“提高厂、矿的生产作为自己最高与最基本的任务，并在这个共同任务下团结一致，互相配合，以便达到不断提高生产的目的”。为此，“厂、矿中的生产行政工作实行厂长负责制。厂长由国家的经济机关委派，并由国家取得必要的生产资料和资金，实施对生产行政工作的专责管理”。简言之，国营厂矿必须以生产为中心，并在生产行政上实行厂长负责制。至于生产行政上的民主管理，则仍然是通过工厂管理委员会来实现。“厂长领导下的管理委员会，是目前时期实行工人参加生产管理的制度。厂长必须召开管理委员会，讨论有关经济计划及其实现的步骤、管理制度、生产组织、人事任命、工资福利等重大问题，并定期向职工代表会报告自己的工作。”（中华全国总工会政策研究室，1986：176）至于企业党组织，则主要负责厂矿中的政治思想工作，以保证和监督厂矿中的行政生产工作；而工会主要是教育职工群众提高阶级觉悟与技术水平，树立新的劳动态度，组织生产竞赛，从而保证国家计划的完成，同时工会也注意改善职工的劳动与生活条件，保护工人阶级日常利益。

随后，1951年6月，中共中央华北局也召开了城市工作会议，并向中央提交了一份报告，与东北局的决议相反，华北局会议的结果，是实行党委制而不是一长制（或厂长负责制），当然，他们也给出了较为系统的解释。华北局的报告指出，华北地区国营工矿企业在经营管理上一般经历了三个主要阶段：第一个阶段是依靠工人群众实行民主改革的阶段，当时“经过清洗反动分子，开展工人批评和团结职员的运动，改革机构、调整人事、评职评薪、取消把头制、搜身制等为内容的民主改革运动后，初步地建立了民主的管理制度，工人群众感到翻身了，做了主人翁了”；第二阶段是根据生产的需要，“实行初步定额管理和初步建立责任制等重要制度的阶段”，因为经过第一个阶段后，工人群众有了主人翁自觉意识，劳动积极性也增强了，但生产效率还比较低，这个时候就开始需要根据“历史记载、群众的一般水准记录和理论数字，提出一定的作业标准，作为发动生产竞赛运动的奋斗目标”，并且这种竞赛必须从此前单纯提高劳动强度的方式，转变为劳动与技术相结合的方式，此外，结合合理化建议和劳动组织的改善，来逐渐探索出企业的生产效率水平，并在这过程中，让生产效率达到合理水平，从而建立起必要的科学管理制度，“即可开始实行初步定额，即定量、定质、定料、定员的四定工作”；第三阶段是逐步实行经济核算制，这时就要开始“确定资金，清理资产”，“实行成本管理”，“实行计划管理，制定生产计划，劳动力计划，材料消费计划，财务计划”（中华全国总工会政策研究室，1986：189～193）。

那么，该如何落实第三阶段的经济核算制目标呢？在会议上就出现了较为激烈的争论。有人主张要实行一长制，其理由是“工厂生产集中，指挥应有专人负责，走向生产管理与技术管理，更需如此”；也有人主张实行党委制，其理由是华北的大厂矿的厂长大都是旧人员，他们难以解决党政工团的统一问题，许多小厂矿的厂长虽然换成了共产党员，但他们有两个缺点，“一不懂生产管理，二大多群众观点也不够”，在这种实际情况下，无论厂长是不是党员，都不能很好地解决工厂中思想和工作步调的统一问题，加上当时仍然“缺乏技术和政治都行的‘文武双全’的干部”，而“党的一元化领导已有长期历史经验，抗战、解放战争、土地改革皆在党的一元化领导下取得胜利，并且在集中的军队中也实行了党委制，为什么唯独工厂不能实行？”最后，会议讨论结果是一致同意实行党委领导下厂长负责制，即以党委为核心实行统一领导。“党、政、工、团各上级所指示的方针任务，及其在工矿企业中的具体实施方案和计划，一律经过工矿企业中的党委讨论通过，作出决定，分工进行。”虽然在生产管理方面和行政业务方面，可由厂长在执行中负完全责任，但这也是以“一切重要事项，最后决定于党委”为前提。至于工厂管理委员会，是厂长领导下的行政组织，但“所有生产计划及生产行政措施，经党委决定后，应由厂长向管委会提出并深入讨论。在不违背党委决定下，厂长有决定权”（中华全国总工会政策研究室，1986：194～195）。

可见，东北局和华北局在领导体制上存在一定的差异，不过这种领导体制上的差异很快就得到了统一，其中一个重要背景就是 1953 年起，我国开始执行第一个五年计划，进行大规模的社会主义经济建设，不仅企业的数量增多，而且企业规模也扩大了，现代化程度也明显提高了，客观上要求建立与现代化大生产相适应的科学管理制度和方法。加上当时客观存在的多头领导和无人负责的现象较为严重，企业的规章制度也不健全，在这种情况下，我国开始系统学习和运用苏联的工业管理制度和方法，开始推行“一长制”，以克服当时企业管理上的责任不明，无人负责的现象，并建立各种责任制度（王持栋，1986：334～335）。

就以华北局为例，此前推行的是党委制，但 1954 年 5 月发布了《中共中央华北局关于在国营厂矿企业中实行厂长负责制的决定》，其中指出，一方面，经过几年的生产改革，已经培养了一批新的管理人员和技术人员，一般厂矿已由党员干部担任厂长，具备了实行厂长负责制的条件；另一方面，当时工矿企业内部，多头领导或无人负责、工作秩序混乱的现象还很严重，再加上现代化工业的组织庞大、部门繁多，生产具有高度连续性和集中性，必须有高度集中的领导。所以，“为了使生产更加走上正轨，生产指挥更加集中和统一，职责更加分明，消除工作中无人负责与职责不明的混乱现象，以树立工矿企业中正常的工作秩序，特决定改变过去在国营工矿企业中所实行的党委领导下的厂长负责制，而实行厂长负责制”（中华全国总工会政策研究室，1986：199）。

当然，实行厂长负责制的同时，也要实行工厂管理民主化，不过，该决定只是较为简单的指出，“厂长还必须善于依靠党、依靠积极分子、依靠工人群众来管理工厂，并善于倾听群众意见，接受群众的批评”（中华全国总工会政策研究室，1986：200）。从上述文件规定中可以看到，至少在生产经营方面，企业民主管理或员工参与的权限是被弱化的，而且也表述得较为模糊。

中央对华北局的这个决定很快就给了批语，认为“有必要也有可能在全国国营厂、矿（包括地方国营厂矿）中实行厂长负责制”（中华全国总工会政策研究室，1986：198）。1955 年 5 月，中共中央书记处第三办公室召开了一个工矿企业领导问题的座谈会，并形成了一份报告，从报告内容可以看到，当时仍然有人不同意实行一长制，认为这样会削弱党的领导，而要求实行党委领导下的一长制，并以军队中实行党委领导下的分工负责制的经验来证明工矿企业中同样可以实行党委领导下的厂长负责制，不过，也有不少人同意实行一长制，主张工矿企业生产管理工作由厂长对国家负完全责任，党组织只负监督保证责任，其理由是“计划经济和工业生产要求集中统一的特点，决定了工业管理机关必须自上而下都实行个人专责制，而不能实行集体负责制”，而如果一切有关生产管理工作上的重大问题都要经过党组织讨论决定，就容易在生产管理上造成一些恶果，比如“厂长不敢大胆负责，因而不能及时地指挥生产，解决问题，结果必然形成工作秩序混乱，无人负责”，也“会使党组织忙于全盘生产经济工作，而削弱对于政治思想工作和组织工作的领导”（中华全国总工会政策研究室，1986：204～207）。

不过，中央根据这个报告提出的要求是：“企业中的党组织必须认真帮助确立和巩固企业管理方面的一长制，并教育一切工作人员严格遵守企业行政纪律和秩序。党组织必须把确立一长制作为自己的一个基本的政治任务。”（中华全国总工会政策研究室，1986：202）

所以，自 1953 年执行第一个五年计划开始，各地区和各工业部门为了整顿企业的生产秩序，改进企业的管理工作，先后推行了一长制。但是很快，这种一长制的领导体制就开始遭到批评。按照当时中央书记处书记李雪峰的说法，“这种一长制的推行，就其克服生产管理上无人负责现象，建立责任制度方面来说，是有一定的成效的；但是由于错误地强调了企业行政负责人是企业的全权领导者……实际上……否定了党组织对于企业生产行政工作的领导，使党组织处于从属的地位”（中华全国总工会政策研究室，1986：214）。所以，在1956年召开的党的八大上，中央就决定要在企业中实行党委领导下的厂长（经理）负责制，也就是党的集体领导和个人负责相结合的领导制度。

在短短几年中，围绕党委领导下的厂长负责制（党委制）和厂长负责制（一长制）之间的选择问题，不仅引发了争论，而且在实际选择上也发生了几次转变，但是，不管采取哪种方式，它们有一个共同的特点，就是都强调要将生产经营权集中，以适应现代化厂、矿企业生产效率提高的要求，其分歧不过是这种集中的权力应掌握在谁手中而已。相应地，从企业民主管理角度来看，其实就意味着工人在生产经营方面的民主参与会被限制或削弱。

企业民主管理的这种弱化，在一定程度上会导致企业过于关注生产，忽视工人的权益或合理诉求，这必然会引发工人的不满，加上当时在政策和制度上出现了一些的“左”的问题，致使在1956年下半年，一些地区出现了工人罢工事件，与此相伴随的也出现了学生罢课、群众性游行请愿等类似事件，在这种情况下，正确处理人民内部矛盾，改善领导与群众的关系，成为当时的一个重要问题。

为此，1957年3月，党中央发出《关于处理罢工罢课问题的指示》，强调“防止罢工罢课一类事件的发生，根本办法是随时注意调整社会主义社会内部关系中存在的问题，首先是克服官僚主义，扩大民主”。该指示还特别要求各企业“应该积极试行常任的职工代表大会制度，作为职工参加企业管理和监督行政的权力机关”。这是企业民主管理的组织与制度形式的一个非常重要的转变，即用职工代表大会取代职工代表会议，前者代表是常任制的，后者则不是。其实，在党的八大会议上，当时的中央工业交通工作部负责人在大会发言中就提出过“可以考虑将现行的由工会主持的企业职工代表会议改为职工代表大会，采取固定代表制，一年改选一次，代表向他们的职工负责”（杜耀华，1986：366）。而这一提议，则在此次指示中得到了明确。

不仅如此，该指示还初步拟定了职工代表大会的四项职权。（1）听取和讨论厂长的工作报告，审查和讨论企业的生产计划、财务计划、技术计划、劳动工资计划和实现这些计划的重要措施，定期地检查计划情况，并且提出建议。（2）审查和讨论企业奖励基金、福利费、医药费、劳动保护拨款、工会经费以及其他有关职工生活福利的经费开支；在不违背上级机关的指示、命令的条件下，可以就上述范围做出决议，交企业行政部门或其他有关方面执行。（3）在必要的时候，向上级管理机关建议撤换某些企业领导人员。（4）对上级管理机关的规定有不同意见的时候，可以向上级管理机关提出建议。但是如果上级管理机关经过研究仍旧坚持原有决定的时候，就必须贯彻执行（王持栋，1986：338）。

虽然以往的中央方针政策或制度规定对职工代表会议也有一定的职权表述，但相对模糊，缺乏明确的权利界定，而此次的指示给出了相对明确且具体的权利边界，即针对企业生产经营方面的重要事项，职工代表大会主要是“听取和讨论”并“提出建议”；而对于与职工自身利益直接相关的重要事项，即管理方面，职工代表大会的权限则要稍微大一些，甚至可以“做出决议”，此外，可以对企业领导人提出撤换建议，还可以对上级管理机关的规定提出异议。因此，无论是从组织形式上，还是从职权界定上看，这都是企业民主管理制度发展史上的重要变化。

紧接着在 1957 年 4 月，中共中央又发布了《关于研究有关工人阶级的几个重要问题的通知》，通知指出，“最近各地连续发生的一些工人罢工、怠工等事件，表明我们的国家机关和企业、事业单位的领导上存在着严重的主观主义、官僚主义、宗派主义的作风”（中华全国总工会政策研究室，1986：223）。这就要“实行党的第八次大会所决定的党委集体领导下的厂长负责制和群众路线的领导方法，就必须扩大企业管理工作中的民主，扩大职工群众参加企业管理的权利，发挥职工群众对企业行政的监督作用”，而其中一个比较容易实行的有效措施，“就是把企业中现行的由工会主持的职工代表会议改为职工代表大会（在较小企业中为全体职工大会），并且适当地扩大它的权力”，并将《关于处理罢工罢课问题的指示》中规定的职工代表大会的权力再次重申了一遍（中华全国总工会政策研究室，1986：224～225）。

在一定程度上可以说，此后一直作为我国企业民主管理基本形式的职工代表大会制度正是在这个时期才得以确立的，在组织形式上和职权上，都有了明确规定，当然，这种职权上的规定必然会随不同时期的要求而改变。而且，如前所述，职工代表大会的职权是有很大限度的，即围绕企业生产经营方面的问题，更多的是讨论和建议，而围绕职工利益和生活福利方面的问题，虽然可以做出决议，但也不是具有充分自主权或决定权的，不能与上级机关的指示和命令相悖。这种职权的界限，也直接反映在通知的规定中，“生产管理的指挥，必须由行政领导者负完全责任，职工代表大会和工会委员会在自己的工作中，不要妨害厂长在企业行政上的负责制，所以职工必须遵守企业规章和劳动纪律，服从行政领导者的命令和指挥”（中华全国总工会政策研究室，1986：225）。

简言之，“既要防止企业行政领导人员脱离党的集体领导的偏向，又要防止党委特别是书记包办代替企业行政工作的偏向；同时还要防止在职工代表大会建立以后，在企业管理上发生极端民主化和实际无人负责的现象”（中华全国总工会政策研究室，1986：228）。

1957 年 9 月，邓小平在党的八届三中全会《关于整风运动的报告》中，进一步肯定了职工代表大会制度，指出“党委领导下的职工代表大会制度，是扩大企业民主、吸引职工群众参加企业管理、克服官僚主义的良好形式，是正确处理人民内部矛盾的有效方法之一，在这次整风运动中应充分运用，并在总结试点经验之后，全面推广”（王持栋，1986：338～339）。于是，职工代表大会制度开始在全国范围推广实施。

不过，因为“大跃进”的缘故，当时过于强调“书记挂帅”，致使企业领导体制实际上形成了党委包办、以党代政、以党代群的状况，刚开始推行的职工代表大会制度也相应地受到了冲击（王持栋，1986：340）。

1961年8月23日至9月16日，中共中央在庐山召开工作会议，会议总结三年来的工作，讨论并通过了《国营工业企业工作条例（草案）》（《工业七十条》），中央针对该条例做出的指示中，明确指出国营工业企业的领导应是“依靠在党委领导下行政管理上的厂长负责制，依靠政治挂帅、群众路线和广大干部、职工群众主人翁的责任心，依靠群众，运用自上而下同自下而上相结合的工作方法”（中华全国总工会政策研究室，1986：236～237）。而此前，许多企业由于没能很好地贯彻这一领导原则，致使“责任制度废弛，生产秩序混乱”，不少企业中，“瞎指挥、乱操作的现象严重”，还有不少企业，“不计工本，不计盈亏，不讲究经济核算”，此外，“许多企业的党委包揽企业的日常行政事务”，等等。为此，需要建立企业中的责任制和经济核算制。

具体来说，“在企业的生产行政上，实行党委领导下的厂长负责制，实行集体领导和个人负责相结合的制度”。企业党委讨论和决定企业生产行政中的如下重大问题：（1）企业的年度计划、季度计划、月度计划和实现计划的主要措施；（2）企业的扩建、改建和综合利用、多种经营的方案；（3）生产、技术、供销、运输、财务方面的重大问题；（4）劳动、工资、奖励、生活福利方面的重大问题；（5）重要的规章制度的建立、修改和废除；（6）企业主要机构的调整；（7）车间、科室以上行政干部和工程师以上技术干部的任免、奖惩，职工的开除；（8）企业奖励基金的使用；（9）企业工作中的其他重大问题（中华全国总工会政策研究室，1986：251）。企业党委对生产、技术、财务、生活等重大问题做出决定以后，再由厂长下达，并由厂长负责组织执行。

对于企业中的职工代表大会制度，该条例草案将其定位为吸收广大职工群众参加企业管理和监督行政的重要制度。至于其职权，则规定为“讨论和解决企业管理工作中的重要问题，要讨论和解决职工群众最关心的问题”，“有权对企业的任何领导人员提出批评，有权向上级建议处分、撤换某些严重失职、作风恶劣的领导人员，并且有权越级控告”（中华全国总工会政策研究室，1986：253～254）。

很明显，根据《工业七十条》，企业党委的职权得到了进一步集中和强化，不仅企业的生产经营由党委决定，而且与职工利益密切相关的“劳动、工资、奖励、生活福利”等也都由党委决定，而厂长更多的是个组织实施者；职工代表大会的职权范围的规定反倒变得含糊，似乎权限也变小了。究其原因，也许是因为通过这种权力的集中，让经济生活秩序能够更好地从“大跃进”的混乱中得以恢复，并且这也符合计划经济的内在要求。

中央对该草案修正后，于1965年7月颁布了《国营工业企业工作条例（修正草案）》（以下简称《修正草案》），《修正草案》再次重申“党对企业的生产行政工作、工会工作、共青团工作、民兵工作等，实行绝对领导”，“企业中一切重要工作和重大问题，必须由党委集体讨论决定。企业在生产行政上，实行党委领导下的厂长负责制。企业党委决定的问题，属于生产行政工作方面的，由厂长负责组织实施”（中华全国总工会政策研究室，1986：260～261）。

另外，《修正草案》还对职工代表大会的性质和职权进行了界定。职工代表大会是“职工群众参加管理、监督干部、行使三大民主的权力机关”。具体而言，有如下权力：（1）有权监督各级干部正确地执行党的方针政策，发扬民主作风，克服官僚主义和特殊化；（2）有权听取、审查行政工作、政治工作的报告，检查企业的计划执行情况；有权提出有关职工群众切身利益的重大问题和解决方法，在不违背上级指示和规定的原则下，可以做出决议，交有关部门组织执行；(3) 对于有贪污盗窃、挥霍浪费、弄虚作假、打击报复等违法乱纪行为的干部和严重失职的干部，有权做出处分和罢免的决议，提请有关上级机关批准，对于工作卓有成绩和有重大贡献的干部，有权做出奖励或者晋级的决定，提请有关上级机关批准；(4) 有权选举车间领导干部和班组长，提请有关上级机关批准（中华全国总工会政策研究室，1986：284）。

从《修正草案》中可以看到，职工代表大会的权限在规定上虽然比此前的《工业七十条》更为具体明确些，但在权限大小上并没有明显的变化，大多是监督权，只是在涉及职工群众切身利益方面，恢复了此前就曾提出的，可以在不违背上级指示和规定的前提下做出决议的权力；另外，赋予了职工代表大会一定的选举权，即选举车间和班组两级的干部。

不过，《修正草案》推动了职工代表大会制度的发展，即对代表的产生和人员构成做出了明确规定。代表不仅应该是由职工直接选举产生，每10～20人选举代表1人，而且代表中应包括工人、技术人员、职工和领导干部，脱产干部不得超过1/4，此外，代表实行常任制，每2年改选一次（中华全国总工会政策研究室，1986：285）。

总之，新中国成立以来，企业民主管理制度发生了比较重要的变化。一是企业民主管理的政治意义被强化了，人民当家做主和工人阶级主人翁地位等意识形态话语，要求在企业中实行民主参与；二是企业民主管理的制度形式发生了变化，其中最重要的莫过于职工代表大会制度的建立。不过，透过更为细致的分析可以看到，这种对企业民主管理的重视和强调，并不意味着工人企业经营管理权的增加。

从实际的制度变迁来看，虽然围绕企业生产经营的领导体制，出现过党委负责制和厂长负责制的争论和更替，但在这个过程中，企业经营管理权是在不断集中的，最后这种权力集中掌握在企业党委手中，厂长更多是个组织者和实施者。经过这种权力的集中后，围绕企业生产经营管理方面的重大事项，基本都是由企业党委决定的。从微观层面来看，这种权力的集中是企业经营管理理性化的内在要求。如前所述，毕竟随着企业现代化程度的提高、企业规模的扩大，客观上需要一套与现代化生产要求相适应的科学管理制度和方法，以提高企业生产效率。从宏观层面来看，这种权力的集中也是高度集中的计划经济体制的内在要求，伴随第一个五年计划的实施，这种高度集中的体制开始形成，在这种体制下，企业不具有经营自主权。相应地，企业民主管理的范围和程度也受到了较大的限定，更多地表现为一种监督权，虽然可以围绕与职工切身重大利益相关的问题做出决议，但这也是以不违背上级指示和规定为前提的。

不过，工人在劳动过程中的参与，如群众性的合理化建议、创造生产新纪录、推广先进生产经验和社会主义劳动竞赛等，则从未中断过，而且一直备受重视和鼓励。这种劳动过程中的动员式参与主要是为了提高劳动生产率，从而完成或超额完成生产任务，因此是以生产为中心的。当然，在这种参与过程中，工人能够实现对劳动过程、工序和技术等一定程度的自主权甚至是控制权，这也有助于其自身利益诉求的满足，只是这种参与更多的是个体性而非集体性的。

第三节　企业民主管理制度的完善与转型（1978 年至今）

改革开放初期，国家通过重建单位制的方式来恢复城市中的经济生产和社会生活秩序，在这过程中，国有企业作为行政体制链条中的一个终端环节，其人事、资源和经营等一切活动都是在国家指令性计划的指导下，按照行政等级来管理和配置的（渠敬东、周飞舟、应星，2009）。不过，为了恢复基层秩序，不能仅靠这种自上而下的行政指令，还需要自下而上的群众参与，从而增加合法性，这在企业中就表现为企业民主管理制度的恢复。

1978年4月20日，中央发布了《中共中央关于加快工业发展若干问题的决定（草案）》，决定取消企业中的革命委员会，恢复党委领导下的厂长负责制和党委领导下的职工代表大会制。草案指出，“企业的一切重大问题，都必须经党委集体讨论决定。企业的生产、技术、财务、生活等重大问题，党委作出决定后，由厂长负责组织执行”（中华全国总工会政策研究室，1986：295）。而职工代表大会制度，则是“听取企业领导的工作报告，讨论企业有关重大问题，对企业的工作提出批评建议，对企业的领导干部进行监督”，“有权向上级建议处分、撤换某些严重失职、作风恶劣的领导人员”（中华全国总工会政策研究室，1986：295）。当然，对于劳动过程中的参与，则是一如既往的予以倡导和鼓励，该决定明确提出，“要轰轰烈烈而又扎扎实实地把社会主义劳动竞赛和革命比赛开展起来，坚持下去，造成一个人人争上游、比学赶帮超的热潮。通过竞赛和比赛，使广大职工互相学习，互相帮助，取长补短，共同提高，把少数人、少数单位创造的先进水平迅速变成全社会的水平”（中华全国总工会政策研究室，1986：316）。

1978年10月，在中国工会第九次全国代表大会上，邓小平代表党中央致辞，重申了一方面企业要实行党委领导下的厂长或经理负责制，建立起强有力的生产指挥系统，以有效解决当时普遍存在的无人负责的问题，从而正常有序地组织生产；另一方面所有企业还必须毫无例外地实行民主管理，企业的重大问题要经过职工代表大会或职工大会讨论，企业的领导干部要在大会上听取职工意见，接受职工的批评和监督，对于严重失职或作风恶劣的领导人员和管理人员，大会有权向上级建议给予处分或撤换（邓小平，1979：1~6）。时任中华全国总工会主席的倪志福在大会报告中提出的工会的几项重要工作任务中，就包括了吸引工人参加管理，在企业中贯彻落实党委领导下的职工代表大会制，以发扬企业民主、监督干部；此外，工会还应积极推动劳动过程中的参与，把社会主义劳动竞赛提高到一个新的水平，即以生产为中心，发动和组织广大职工开展社会主义劳动竞赛，努力做到优质、高产、低耗，全面完成和超额完成国家计划，不断提高劳动生产率，其具体形式包括开展比、学、赶、帮、超活动，开展合理化建议和群众技术协作、技术交流活动等（倪志福，1979：32）。

从上述文件和讲话可以看出，在企业领导体制上，基本是回到了1965年的《国营工业企业工作条例（修正草案）》的规定上，即党委对企业的重要事项具有决定性的领导权，厂长主要是组织者和实施者，至于职工代表大会制度，则更多的是被赋予了一种监督权。不过，这并不意味着只是简单的回到以前的高度集中的体制上去，事实上，这个时期的举措更多的是一种拨乱反正的需要，是临时性的，而随着一切秩序恢复后，改革的苗头就开始出现了。

1981年5月至6月，由中央书记处直接领导，中组部、国家经委和全国总工会联合召开了全国企业民主管理座谈会，中央书记处书记宋任穷在会上就提出，“社会化、现代化的大生产，要求我们的企业实行集中领导，建立起具有高度权威的行政管理和生产指挥系统，建立起以厂长负责制为中心的生产、技术和经济责任制度”，另外，“生产资料的社会主义公有制又要求我们的企业必须实行民主管理，切实保障职工群众在企业中的当家作主地位，保障他们有权根据党和国家的政策、法令讨论审议、决定企业的重大问题”（中华全国总工会政策研究室，1986：354）。中央书记处书记万里也在会上表示，“党委不能包办一切，必须给厂长有独立自主地处理日常行政事务、生产事务、技术事务、财务事务等的权力，不能什么事都拿到党委会上讨论，去干涉行政事务”，同时，还必须依靠广大职工群众，而“办法就是实行职工代表大会的制度”（中华全国总工会政策研究室，1986：363）。

从这些表述中可以看到，“党政分开”“政企分开”的想法已经开始出现，这一方面意味着厂长负责制呼之欲出，但另一方面随着厂长生产指挥权的扩大，就必然需要企业民主管理制度对其进行监督和约束，同时也需要保护职工群众的切身利益，并调动其生产积极性。

此次座谈会形成了一份《关于加强党的领导搞好企业民主管理的汇报提纲》，提纲列出了实行党委领导下的职工代表大会制度的作用，即可以提高职工的主人翁责任感，调动职工积极性；可以集中群众智慧，发挥集体力量，共同解决企业生产、技术和经营管理上的各种问题；有利于正确调节国家、企业和职工个人三者间的利益关系，正确处理企业内部的矛盾；有利于维护行政集中指挥的高度权威以及改善和加强企业党委的领导。为此，必须赋予职工代表大会一定的职权，使其能够成为职工群众参加管理、监督干部的权力机关（中华全国总工会政策研究室，1986：366～368）。座谈会还拟定了《国营工业企业职工代表大会暂行条例》（以下简称《暂行条例》），随后由中共中央、国务院于1981年7月13日转发并批准公布，这是我国首部专门针对职工代表大会制度的法规，让我国的企业民主管理向法律化和制度化方向推进了一大步（王持栋，1986：349）。

该《暂行条例》第五条明确规定了职工代表大会所具有的职权，具体来说包括。(1) 讨论审议厂长的工作报告、生产建设计划、财务预决算，以及重大挖潜革新改造方案和经营管理方面的重大问题，并做出相应的决议。(2) 讨论决定企业劳动保护措施资金、职工福利基金，奖励基金的使用，以及职工奖惩办法、职工住宅分配方案等有关职工切身利益方面的问题。(3) 讨论通过企业体制改革事项、工资调整方案、职工培训计划和全厂性的重要规章制度。(4) 监督企业各级领导干部和工作人员，对工作一贯努力并卓有成绩的干部，建议提请上级机关予以表彰、奖励；对有特殊贡献的干部，建议上级机关予以提职、晋级。对不负责任、造成损失的干部，建议上级机关予以批评、处分或罢免；对严重失职和违法乱纪的干部，建议党的纪律检察机关和国家政法机关严肃处理。(5) 根据企业主管机关的部署，选举企业行政领导人员；民主选举产生的干部，要依照干部管理范围报主管机关审批任命（中华全国总工会政策研究室，1986：380）。

相比以往，此《暂行条例》对职工代表大会职权的规定不仅更为明确具体，而且其权限有较大程度的提高。最明显的表现是对有关企业生产指挥和经营管理方面的重大问题，享有讨论审议甚至做出决议的权限，而对于涉及职工切身利益的各种福利和奖惩办法等，则有直接决定权。此外，还具有对一些重要规章制度的讨论通过权，以及对企业领导干部的监督权和一定程度的选举和罢免权。

1981 年 10 月，中国工会九届三次执委会的工作报告也将“搞好职工代表大会制作为工会工作的重点”，要求工会协助党委把推广和健全职工代表大会制落到实处，保障《暂行条例》所规定的职工代表大会的各项职权的实施，充分发挥职工代表大会的民主监督作用，而且逐步地把全厂的、车间的、班组的民主管理配套起来，搞好职工代表队伍的建设（中华全国总工会办公厅，1983：339～360）。

1982 年 1 月，中共中央、国务院颁布了《国营工厂厂长工作暂行条例》，开始突出强调厂长的行政决定权，即除职工代表大会做出的决议，以及一些企业生产经营中的重大事项需由厂长拟方案报党委决定外，其余生产经营问题都由厂长全权决定（中华全国总工会办公厅，1983：386～389）。1982 年 5 月，中央颁布《中国共产党工业企业基层组织工作暂行条例》，明确指出，“企业的经营决策，长远规划，年度计划，重大技术改造计划，职工培训计划，工资调整方案，机构变动，重要规章制度的建立、修改和废除等重大问题，由厂长提出方案，提交党委会讨论，决定后由厂长负责组织实施”，而“职工代表大会是企业实行民主管理的基本形式，是职工群众参加决策和管理、监督干部的权力机构”（中华全国总工会办公厅，1983：406～410）。在一定程度上，厂长和职工代表大会的权限都得到了提升。

为了推动《国营工业企业职工代表大会暂行条例》、《国营工厂厂长工作暂行条例》和《中国共产党工业企业基层组织工作暂行条例》的执行，1982 年 12 月，中央批准中央组织部、国家经委、全国总工会在北京联合召开“全国健全企业领导制度经验交流会”。会上，国家经委主任张劲夫就指出，总体上，我国企业经营管理水平不高，经济效益较低，有许多企业管理混乱，纪律松弛，浪费严重，甚至有相当数量企业的技术经济指标没有达历史最好水平，而其中一个重要原因，就是“党政不分，党委包揽行政事务”，妨碍厂长对生产、行政工作的统一指挥，而现代化大生产需要内部的分工细致和互相协作，需要集中指挥，统一意志和协调动作，如此才能将复杂的生产过程和各项经营活动有效组织起来，因此，厂长的作用或者说强有力的生产指挥系统就至关重要（中华全国总工会办公厅，1983：439～442）。

交流会的汇报提纲强调“党委集体领导是企业的领导核心，职工民主管理是办好社会主义企业的基础，厂长行政指挥是搞好企业经营管理的关键”。换言之，这是重申了 1981 年中央提出的“党委集体领导、职工民主管理、厂长行政指挥”的企业领导制度的根本原则（中华全国总工会办公厅，1983：459、464）。虽然这里仍然强调党委的领导地位，但其实已经开始要求给予厂长更多的行政指挥权，与此同时也要求加强职工参与民主管理。这一方面是为了发挥监督作用，另一方面是为了激发工人积极性，因此在某种程度上可以说，已经出现了党委逐步放权的趋势。

其实，唯有政企分开、党政分开之后，企业民主管理制度才能有实质性的发展，因为在政企不分、党政不分的时期，即便是以厂长为首的企业行政方也不具有经营管理的自主权，那么企业民主管理的权限就更加受到局限了。这种体制特点在很大程度上能够解释为什么此前企业民主管理制度发展较为缓慢，而且权限非常有限。不过，改革开放之后，这种体制特点逐渐被打破，这给企业民主管理制度的发展提供了新的空间。

1984 年 5 月，国务院发布了《关于进一步扩大国营工业企业自主权的暂行规定》，在生产经营计划、产品销售、价格、物资选购、资金使用、资产处理、机构设置、人事劳动管理、工资奖金、联合经营等十个方面，给企业以应有的权力。在国营企业中逐步实行厂长（经理）负责制，企业的生产指挥、经营管理由国家委托厂长（经理）全权负责（中华全国总工会政策研究室，1986：491）。

与此同时，中共中央办公厅和国务院办公厅又发布了《关于认真搞好国营工业企业领导体制改革试点工作的通知》，通知指出，当时国营工业企业存在的“一个突出问题是无人负责，实际上是无权负责，无法负责，无力负责”，因此“必须在解决国家与企业的关系，适当扩大企业自主权的同时，积极改革国营工业企业领导体制，实行生产经营和行政管理工作厂长（经理）负责制”（中华全国总工会政策研究室，1986：504）。另外，《中华人民共和国国营工业企业法（草案）》也在这时发布了，其中第五条明确规定企业实行厂长（经理）负责制，明确厂长“对企业生产经营和行政管理工作中的重大问题有决策权”，“对企业的生产经营和行政管理工作实行集中统一指挥”，“对生产经营和行政管理工作的规章制度的建立、修改和废除，作出决定或提出建议”等（中华全国总工会政策研究室，1986：510），这意味着伴随企业自主权扩大的同时，厂长负责制下的厂长权力也变大了。在这种情况下，就必须相应的增加职工的民主管理权限，健全职工代表大会制度，“在审定企业重大决策、保障职工权益等方面发挥它的作用，充分体现职工群众的主人翁地位”（中华全国总工会政策研究室，1986：491）。

这一系列的改革举措，最为集中地体现在了 1984 年 10 月党的十二届三中全会通过的《中共中央关于经济体制改革的决定》中，该决定不仅明确提出，要实行厂长负责制，而且也要求必须健全职工代表大会制度和各项民主管理制度，“充分发挥工会组织和职工代表大会在审议企业重大决策，监督行政领导和维护职工合法权益等方面的权力和作用，体现工人阶级的主人翁地位”（王持栋，1986：353）。

1986 年 9 月颁布的《全民所有制工业企业职工代表大会条例》也指出，在企业实行厂长负责制的同时，必须建立和健全职工代表大会（或职工大会）制度和其他民主管理制度，其目的在于“保障与发挥工会组织和职工代表在审议企业重大决策、监督行政领导、维护职工合法权益等方面的权力和作用”（中国工运学院工会学系，1994：141）。

显然，在所有权和经营权分离后，企业的经营自主权得到了扩大，同时，厂长经营管理权也显著增加了。在这种情况下，套用委托 - 代理理论的术语，代理人因为与委托人之间往往存在目标的不一致性，容易引发道德风险，即以厂长为首的经营管理者可能会侵害国家的利益，同时也可能会侵害职工的利益，所以就需要加强对其的监管和监督。这一方面需要自上而下的主管部门的监管，另一方面也需要自下而上的职工监督，所以，职工代表大会就被赋予了审议企业重大决策和监督行政领导的职责，同时，也被赋予了维护职工合法权益的权力。因此，改革开放后，国家、企业和职工之间的利益关系逐步从原来的高度一体化开始转向分化。在这过程中，国家和职工的利益往往容易受到侵害，前者的利益受到侵害主要是因为信息的不对称导致的，后者的利益受到侵害则主要是职工的权力较小导致的。这样，企业民主管理就被赋予了新的意义，特别是从职工个体角度来说，尤为如此，即开始重视对职工群体的利益的维护。

不仅如此，该条例的第七条还明确了职工代表大会的五项职权。(1) 定期听取厂长的工作报告，审议企业的经营方针、长远和年度计划、重大技术改造和技术引进计划、职工培训计划、财务预决算、自有资金分配和使用方案，提出意见和建议，并就上述方案的实施做出决议。(2) 审议通过厂长提出的企业的经济责任制方案、工资调整计划、奖金分配方案、劳动保护措施方案、奖惩办法及其他重要的规章制度。（3）审议决定职工福利基金使用方案、职工住宅分配方案和其他有关职工生活福利的重大事项。（4）评议、监督企业各级领导干部，并提出奖惩和任免的建议。（5）主管机关任命或者免除企业行政领导人员的职务时，必须充分考虑职工代表大会的意见。职工代表大会根据主管机关的部署，可以民主推荐厂长人选，也可以民主选举厂长，报主管机关审批（中国工运学院工会学系，1994：142）。

从这些规定看，针对不同的事项，职工代表大会的权限是不同的。针对企业生产经营方面的重大事项，职工代表大会更多的是听取报告，然后提出意见和建议，不过可以围绕这些事项的实施方案做出决议；针对企业中涉及职工利益的重要规章制度，则享有审议通过权；而针对职工生活福利方面的事项，就享有决定权；最后，针对企业领导干部，享有评议监督权，当然，在一定程度上甚至可以享有民主选举权。

1988 年 4 月 13 日，第七届全国人大第一次会议通过了《中华人民共和国全民所有制工业企业法》，该法第七条规定，企业实行厂长（经理）负责制；第十条规定，企业通过职工代表大会和其他形式，实行民主管理，其中职工代表大会是企业实行民主管理的基本形式（中国工运学院工会学系，1994：187）。此外，该法的第五十二条对职工代表大会的职权做出了明确规定，具体来说有如下五项主要职权。（1）听取和审议厂长关于企业的经营方针、长远规划、年度计划、基本建设方案、重大技术改造方案、职工培训计划、留用资金分配和使用方案、承包和租赁经营责任制方案报告，提出意见和建议。（2）审查同意或者否决企业的工资调整方案、奖金分配方案、劳动保护措施、奖惩办法以及其他重要的规章制度。（3）审议决定职工福利基金使用方案、职工住宅分配方案和其他有关职工生活福利的重大事项。（4）评议、监督企业各级行政领导干部，提出奖惩和任免的建议。（5）根据政府主管部门的决定选举厂长，报政府主管部门批准（中国工运学院工会学系，1994：193）。

《中华人民共和国全民所有制工业企业法》中对职工代表大会的职权的规定，与《全民所有制工业企业职工代表大会条例》中的规定高度相似，毕竟二者只相隔两年，所面对的政治经济环境基本一样。不过，其中也有些细微的变化，具体表现在以下几条职权上。在第一条职权上，即围绕企业生产经营方面的重大事项，职工代表大会主要是听取和讨论厂长的报告，然后提出意见和建议，而此前的条例中规定的对这些事项的实施方案做出决议的权力则在企业法中取消了，换言之，在生产经营方面，职工代表大会的权限稍微缩小了，基本就是建议权了。在第二条职权上，即围绕与职工切身利益相关的重要规章制度，职工代表大会的职权从条例中的“审议通过”变成了企业法中的“审查同意或者否决”，可以认为，职工代表大会的权限有所增加，具有了否决权，另外需要注意的是，在这项职权规定中，条例中原有的“经济责任制方案”的内容，在企业法中则移到了第一条，毕竟这应该也是属于企业生产经营方面的内容，所以这种改动其实是一种完善。第三条职权完全一致，即针对职工生活福利的事项，职工代表大会的职权具有决定权，是所有职权中权限最大的。第四条职权也完全一样，即对企业各级领导干部的评议和监督权。第五条职权，条例与企业法中的规定基本一致，只是后者精简了前者的部分内容，主要针对厂长的任免，而职工代表大会则享有一定的选举权。

至此，以职工代表大会为基本形式的企业民主管理制度，在公有制占主导地位的时期，达到了制度设计上的顶峰，或者说是臻于完善。这是在几十年的经验和教训的基础上高度凝练出来的结果。因此，国内研究者对企业民主管理制度的分析，特别是在权限问题上，往往会把这部企业法的规定作为最为重要的参照标准。

不过，1992 年邓小平南方讲话，拉开了向社会主义市场经济体制改革的序幕，国有企业的改革开启了新阶段。1992 年 7 月，

《全民所有制工业企业转换经营机制条例》颁布，不仅对企业经营权进行了明确的界定，即“企业对国家授予其经营管理的财产享有占有、使用和依法处分的权利”，而且还进一步明确了经营权所包含的十四项具体权利，即生产经营决策权，产品、劳务定价权，产品销售权，物资采购权，进出口权，投资决策权，留用资金支配权，资产处理权，联营、兼并权，劳动用工权，人事管理权，工资、奖金分配权，内部机构设置权，拒绝摊派权（中国工运学院工会学系，1994：479～487）。这些自主权中有的直接与职工切身利益相关，比如企业在提取的工资总额内，有权自主使用、自主分配工资和奖金；有权根据职工的劳动技能、劳动强度、劳动责任、劳动条件和实际贡献，决定工资、奖金的分配档次；有权制定职工晋级增薪、降级减薪的办法，自主决定晋级增薪、降级减薪的条件和时间；有权依照法律、法规和企业规章，解除劳动合同、辞退、开除职工；等等。

1993 年 11 月，党的十四届三中全会通过了《中共中央关于建立社会主义市场经济体制若干问题的决定》，其中明确提出要转换国有企业经营机制，建立现代企业制度，强调“企业按照市场需求组织生产经营，以提高劳动生产率和经济效益为目的”（中国工运学院工会学系，1999：57），其中也特别指出，要“改革和完善企业领导体制和组织管理制度”，要“坚持和完善厂长（经理）负责制，保证厂长（经理）依法行使职权”（中国工运学院工会学系，1999：58）。

随着企业经营自主权的不断扩大，特别是对劳动生产率和经济效益的强调，以及随后企业改制的出现，在一定程度上容易引发企业对职工合法权益的侵害，与此同时，非公企业自 1992 年也开始迅速发展起来，劳资矛盾逐渐凸显。所以，《中共中央关于建立社会主义市场经济体制若干问题的决定》也提出，“工会与职工代表大会要组织职工参加企业的民主管理，维护职工的合法权益”（中国工运学院工会学系，1999：58）。

不仅如此，为了顺应市场化改革的需要，1994 年 7 月，全国人大常委会通过了《劳动法》，其中第八条就明确指出，“劳动者依照法律规定，通过职工大会、职工代表大会或者其他形式，参与民主管理或者就保护劳动者合法权益与用人单位进行平等协商”（中国工运学院工会学系，1999：83）。此外，第三十三条还指出，“企业职工一方与企业可以就劳动报酬、工作时间、休息休假、劳动安全卫生、保险福利等事项，签订集体合同。集体合同草案应当提交职工代表大会或者全体职工讨论通过”（中国工运学院工会学系，1999：86）。

由此可见，随着市场化改革的深化，职工权益维护问题开始变得更为突出，所以职工代表大会作为代表和维护职工权益的制度化渠道，越来越被强调其重要作用或意义。

为了配合国有企业改制的需要，全国总工会、国家经贸委、国家体改委于 1996 年 4 月联合印发了《关于国务院确定的百家现代企业制度试点中工会工作和职工民主管理的实施意见》，对建立现代企业制度试点单位的职工代表大会的职权做出了新的规定，具体包括以下几点。（1）听取和讨论本公司发展规划和生产经营管理重大决策方案（涉及企业商业秘密的除外）的报告，提出意见和建议。（2）讨论通过集体合同草案，对涉及职工切身利益的重要改革方案和重要规章制度事先提出意见和建议。（3）审议决定本公司提出的公益金使用方案。（4）评议、监督本公司董事、经理等高级管理人员，向有关方面提出奖惩的建议。（5）依法选举和更换董事会和监事会中的职工代表。（6）其他须经职工代表大会审议或者决定的事项。

与 1988 年的《中华人民共和国全民所有制工业企业法》相比，职工代表大会的职权发生了一些重要变化：首先，取消了民主选举厂长的权利，代之以选举职工董事和职工监事的权利；其次，职工代表大会的审议决定权只针对公益金的使用方案，在一定程度上被弱化了；再次，增加了对集体合同草案的审议通过权；

最后，针对涉及职工切身利益的重要改制方案和重要规章制度的制定，职工代表大会的职权似乎也有所弱化，更多的是提出意见和建议而已，而此前的法律规定，则具有审查同意或否决的权利，当然，如果能够把这些涉及职工切身利益的问题，有效纳入集体合同，然后再由职工代表大会来审议通过，那么，这种弱化在一定程度上就得到了抵消。除了上述变化外，其余职权基本是一致的，比如针对企业生产经营的重大事项，只是审议建议权，同样，针对企业领导干部，享有评议监督权。

总体来看，虽然职工权益的维护问题得到了突出强调，但从职工代表大会的实际职权来看，这种强调似乎并没有带来职权的显著增加，至少在维护职工合法权益上的职权没有出现显著增加。这与当时国家的宏观政治经济体制改革形势密切相关，毕竟国有企业改制是一个重要的战略布局，特别是针对国有大中型企业，国家提出了“鼓励兼并、规范破产、下岗分流、减员增效和再就业工程”的政策要求，所以，在政策定位上更多的是注重如何解决国有企业的改制问题。虽然国家始终强调要维护职工的合法权益，比如 1999 年 9 月党的十五届四中全会通过的《中共中央关于国有企业改革和发展若干重大问题的决定》，也在强调“坚持和完善以职工代表大会为基本形式的企业民主管理，切实维护职工合法权益”，但这些强调在整体上是服务于和服从于国家对国有企业改制这一战略大局的。不过，值得注意的是，随着国有企业公司化改制的推进，职工董事和职工监事制度开始成为职工参与企业民主管理的新形式，而且这种参与是进入了企业生产经营层面的，只不过这是一种间接参与形式，加上其人数的局限，所以在影响力上并不大。

如果考虑到制度的执行成本问题，加上国有企业改制被置于优先的战略地位，与此同时，地方政府在晋升锦标赛的强激励下又片面追求地方经济发展（周黎安，2007），这些都导致职工的合法权益在一定程度上容易遭到忽视和侵害，所以，自 20 世纪 90 年代中期以来，劳资矛盾或劳动关系紧张问题日益突出。根据国家统计局的数据[①]，1996 至 2007 年，全国受理的劳动争议案件数从 4.8 万件增加到 35 万件。

为了更好地维护劳动者的合法权益，推动社会主义和谐劳动关系的建立，2007 年 6 月 29 日，第十届全国人民代表大会常务委员会第二十八次会议通过了《劳动合同法》，而且这部法律的出台在很大程度上是站在维护劳动者权益的立场，因此在出台前后也曾引起过较为强烈的反响。虽然《劳动合同法》没有专门针对员工参与或职工代表大会制度做出系统的规定，但也有个别条文做出了一些规定，比如第四条明确规定，“用人单位在制定、修改或者决定有关劳动报酬、工作时间、休息休假、劳动安全卫生、保险福利、职工培训、劳动纪律以及劳动定额管理等直接涉及劳动者切身利益的规章制度或者重大事项时，应当经职工代表大会或者全体职工讨论，提出方案和意见，与工会或者职工代表平等协商确定”。另外，第五十一条也规定，“企业职工一方与用人单位通过平等协商，可以就劳动报酬、工作时间、休息休假、劳动安全卫生、保险福利等事项订立集体合同。集体合同草案应当提交职工代表大会或者全体职工讨论通过”。

与以往的规定相比，《劳动合同法》不仅明确要求企业在制定、修改或决定直接涉及劳动者切身利益的规章制度或重大事项时，必须经由职工代表大会审议通过，而且还对这些规章制度或重大事项进行了较为细致的罗列，包括工资、工时等八个方面。这实质上是通过法律的形式，肯定了职工代表大会在涉及职工切身重大利益问题上的审议通过权。不过，遗憾的是，《劳动合同法》没能对职工代表大会的全部职权做出规定，但从已有规定来看，职工代表大会已然被当作非常重要的维护职工合法权益、协

① 原始数据来自国家统计局官网：http://data.stats.gov.cn/easyquery.htm? cn = C01。

调劳动关系的制度渠道。

在2012年，中央纪律委员会、中央组织部、国务院国有资产监督管理委员会、监察部、中华全国总工会、中华全国工商业联合会六部委联合发布了《企业民主管理规定》，这个文件的重要意义在于它不分所有制类型，对所有企业的职工代表大会做出了较为细致的职权规定，因为此前的规定要么是含糊的要求涉及职工切身利益的重要事项需要经过职工代表大会或全体职工大会讨论通过，要么就只针对国有企业提出了较为详细的职权规定。

根据《企业民主管理规定》第十三条，各类型企业的职工代表大会均具有如下职权。(1) 听取企业主要负责人关于企业发展规划、年度生产经营管理情况，企业改革和制定重要规章制度情况，企业用工、劳动合同和集体合同签订履行情况，企业安全生产情况，企业缴纳社会保险费和住房公积金情况等报告，提出意见和建议；审议企业制定、修改或者决定的有关劳动报酬、工作时间、休息休假、劳动安全卫生、保险福利、职工培训、劳动纪律以及劳动定额管理等直接涉及劳动者切身利益的规章制度或者重大事项方案，提出意见和建议。(2) 审议通过集体合同草案，按照国家有关规定提取的职工福利基金使用方案、住房公积金和社会保险费缴纳比例和时间的调整方案，劳动模范的推荐人选等重大事项。(3) 选举或者罢免职工董事、职工监事，选举依法进入破产程序企业的债权人会议和债权人委员会中的职工代表，根据授权推荐或者选举企业经营管理人员。(4) 审查监督企业执行劳动法律法规和劳动规章制度情况，民主评议企业领导人员，并提出奖惩建议。(5) 法律法规规定的其他职权。

此外，《企业民主管理规定》第十四条还专门针对国有企业和国有控股企业的职工代表大会的职权做出了两个主要的补充性规定。(1) 听取和审议企业经营管理主要负责人关于企业投资和重大技术改造、财务预决算、企业业务招待费使用等情况的报告，专业技术职称的评聘、企业公积金的使用、企业的改制等方案，并提出意见和建议。(2) 审议通过企业合并、分立、改制、解散、破产实施方案中职工的裁减、分流和安置方案。

综合这些规定来看，职工代表大会的职权主要可以归纳为如下几项。第一，知情权和建议权，这主要针对的是企业生产经营重大事项，包括与职工切身利益相关的规章制度或重大事项的八个方面，也是一种建议权。第二，审议通过权，这主要是针对集体合同草案，以及国家有明确规定的职工福利基金、住房公积金和社会保险费缴纳等方面的事项，另外，对于国有企业来说，因改制或破产等导致的职工安置方案，也需要经职工代表大会审议通过。第三，选举权，主要是针对公司制企业中职工董事和职工监事的选举和罢免。第四，民主评议和监督权，主要是监督企业对劳动法律法规的执行情况，以及对企业经营管理者的民主评议。

很显然，与《劳动合同法》相比，《企业民主管理规定》对职工代表大会的职权的界定存在一定程度的弱化，这突出表现在涉及职工切身利益的重大事项上，职工代表大会的职权从《劳动合同法》中的审议通过权弱化成了审议建议权。虽然《企业民主管理规定》也保留了审议通过权，但这种权限只局限于集体合同草案的通过、职工福利基金使用方案、住房公积金和社会保险费的缴纳方案等方面，而这些方面的审议通过权其实并没有太多的实质意义，就职工福利基金、住房公积金和社会保险费来说，国家有明确的相关法律规定，即便不经过职工代表大会的通过，企业通常也是必须履行的。而集体合同草案方面的表述则较为含糊，没有对集体合同草案内容做出明确的规定，容易变成一种形式化的审议通过权。不过，考虑到《企业民主管理规定》是针对各种所有制企业出台的，所以在一定程度上或许是为了更好地推行职工代表大会制度，因而在职权上有所减小。总体上，《企业民主管理规定》对职工代表大会的职权规定与此前的相关规定还是相一致的，其最大的意义就是被应用范围扩展到了各种所有制类型的企业当中。

无论如何，《劳动合同法》和《企业民主管理规定》基本上构成了现阶段企业民主管理的重要依据，从其立意来看，企业民主管理的意义逐渐从此前更多的是行政监督以及激发职工积极性，扩展到对职工合法权益的维护上，但这种职权的扩大是有限的，即针对企业生产经营的重大事项，主要享有知情权和建议权，而针对企业管理问题，特别是涉及职工切身利益的重大事项，则享有稍微更大一些的权限，即可以与资方进行平等协商和讨论，并享有审议通过权甚至否决权。这种权限状况与国家的政策导向密切相关，这反映在2016年10月习近平总书记在全国国有企业党的建设工作会议的讲话当中，其中特别指出，要健全以职工代表大会为基本形式的民主管理制度，推进厂务公开、业务公开，落实职工群众知情权、参与权、表达权、监督权，企业在重大决策上要听取职工意见，涉及职工切身利益的重大问题必须经过职工代表大会审议，另外，国有企业领导人员则是党在经济领域的执政骨干，肩负着经营管理国有资产、实现保值增值的重要责任①。简言之，国有资产的保值增值，也就是企业经营问题，主要由企业行政方负责或主导，职工代表大会主要是享有知情权和建议权，而涉及职工切身利益的重大问题，也就是企业管理问题，职工代表大会则享有的职权稍微大一些，但也主要是审议通过权。

当然，以上我们主要集中考察的是职工代表大会这种最为重要的企业民主管理制度的演变过程。除此之外，劳动过程中的员工参与其实也一如既往地得到了大力倡导和鼓励，只是没有像职工代表大会制度那样有法律法规作为依据或基础，更多的是体现在党政部门特别是工会的政策文件之中。此处选取几个重要发展阶段的中国工会文件为例。

建立社会主义市场经济体制被提出后，国有企业开始了转换

① http://news.12371.cn/2016/10/11/ARTI1476185678365715.shtml，访问时间：2019年10月22日。

经营机制的改革，当时大量国有企业都经营困难，甚至处在破产的边缘，这个时期工会号召职工群策群力，通过各种方式来帮助企业扭亏为盈，其中最主要的方式就是劳动过程中的各种参与，比如在 1994 年 8 月召开的全国工会经济工作会议上，李永安（1994：63 ~ 81）在其报告中就强调，中国工会当前的重要工作就是通过“劳动竞赛、合理化建议、技术革新、发明创造、岗位练兵、技术比赛、技术协作、班组建设、评先和学赶先进等群众性生产技术活动……坚持不懈地抓好帮助亏损企业扭亏增盈工作”。

在 1997 年，中央提出用三年左右时间，通过改革、改组、改造和加强管理，使大多数国有大中型亏损企业摆脱困境，并逐渐建立现代企业制度。相应地，在 1998 年中国工会十三大的报告中，张丁华（1998：32）就号召，要“扎实开展适应社会主义市场经济要求的劳动竞赛、合理化建议、技术革新、技术协作、发明创造等群众性生产经营技术活动，促进企业的振兴和发展”。

在 2008 年中国工会十五大报告中，王兆国（2008：17）强调，要“在广大职工中深入开展技术革新和发明创造活动，争做‘创新能手’、‘创新示范岗’和‘创新型班组’，广泛开展职工技术交流和技术协作，激发广大职工的创造潜能和活力”。在 2018 年的中国工会十七大报告中，王东明（2018：17）也要求，各级工会要引导职工“广泛深入持久开展多种形式的劳动和技能竞赛”，并“提升职工参与率和受益度”，此外，还要“深入开展技术革新、技术协作、发明创造、合理化建议、网上练兵和‘小发明、小创造、小革新、小设计、小建议’等群众性经济技术创新活动”等。

简言之，各种劳动竞赛、合理化建议、技术革新和协作等群众性生产经营活动的劳动过程参与，一直以来都得到了大力提倡，而且事实上也得到了较为普遍的实施。不过，如前所述，这类参与基本上不怎么涉及企业实质性的经营管理职能，而且也几乎不怎么涉及职工（尤其是集体性的）切身重大利益，其主要目的就是为了提高企业劳动生产率，是以生产为中心的。

纵观改革开放以来职工代表大会的制度变迁，基本可以看到，我国企业民主管理制度顺应经济体制改革的进程，不断进行调整和完善，基本与现代企业制度融为一体，并在企业经营管理结构中有了较为明确的地位和作用。

具体来说，在改革开放初期，企业生产秩序逐步得到整顿和恢复，与此同时，以职工代表大会为主要形式的企业民主管理制度也在逐步恢复，只是在“拨乱反正”的初期，企业党委掌握着主导性的领导权，因此，此时的企业民主管理更多的是为了激发工人的生产积极性。不过，很快中央提出了要“政企分开”“党政分开”，企业生产经营自主权也逐步扩大，当然，这种经营自主权的扩大主要表现为以厂长或总经理为首的企业行政方的权力扩大，相应地，就需要对行政方进行监督，这包括自上而下的监督以及自下而上的监督，同时，通过民主参与来维护职工合法权益，在此基础上激发其生产积极性。在这种情况下，围绕企业民主管理制度的相关法律法规和条例相继出台，这让我国企业民主管理开始走向法制化和制度化，不过针对职工代表大会职权的规定则在不同阶段又有着细微，但却很重要的变化。

在改革开放之初，职工代表大会的职权相对较大，这直接表现在 1981 年的《国营工业企业职工代表大会暂行条例》中，其中明确规定，职工代表大会对企业生产经营方面的重大事项，不仅具有审议建议权，甚至具有做出决议的权利；而对于涉及职工切身利益的各种福利和奖惩办法等，则直接具有决定权；此外，对企业一些重要规章制度也具有审议通过权，对企业领导干部还具有监督权，在一定条件下针对企业管理干部（包括厂长）还具有选举权。不过，随着放权让利改革的不断深化，职工代表大会的这些权限很快就被缩小了，这主要表现在针对企业生产经营重大事项的权限上，在 1986 年的《全民所有制工业企业职工代表大会条例》中，对于企业生产经营方面的重大事项，职工代表大会主要是提出意见和建议，不过，仍然可以对这些事项的具体实施方案做出决议，而到了1988年的《中华人民共和国全民所有制工业企业法》时，围绕企业生产经营方面的重大事项，则基本只是提出意见和建议，即审议建议权。换言之，1981年至1988年，在企业生产经营权方面，职工代表大会的职权在逐步减小。不过，围绕职工切身利益的事项或规章制度，则一直是保持着审议通过权或审议决定权。此外，就是对企业领导干部的监督权甚至一定条件下的选举权，也一直保留了下来。

1990年代中期，随着国有企业改革的进一步深化，以厂长或总经理为首的企业行政方的权限得到进一步扩大，这时，职工代表大会的职能再次被弱化，这最直接地表现在涉及职工切身重大利益事项上，职工代表大会的职权一度被减小为审议建议权，甚至此前的针对职工福利的审议决定权都未被特别提出来，至于选举厂长的职权变成了选举职工董事和职工监事，虽然这让个别职工代表能进入企业经营决策层，但实际发挥作用的效果未必乐观。

也许正是因为这种对职工权益维护的不力，造成了1990年代中后期以来，劳动争议案件数量一直呈攀升之势，并成为影响和谐社会建设的重大问题。为此，2008年国家出台了《劳动合同法》，这部法律在一定程度上偏向对职工合法权益的维护，这直接表现在对职工代表大会职权的修正上，即针对职工切身利益的重大事项（而且特别具体的列举了包括工资、工时在内的八个方面），职工代表大会具有审议通过权。

至此，职工代表大会及其职权在现代企业的经营管理结构中的地位和作用基本厘清了。在生产经营方面，职工代表大会通常只具有审议建议权；在涉及职工重大利益方面及相关制度制定或修订的企业管理方面，则具有审议通过权；此外，还享有对企业管理层的监督权和评议权以及对职工董事和职工监事的选举权。这样，以职工代表大会为根本形式的企业民主管理体系，也被当作一种维护职工合法权益，协调劳动关系的重要制度化渠道。另外，在这种代表性或间接性的且通常是集体性的参与之外，还有一种直接性的、个体性的参与，也就是劳动过程中的参与，这种参与则基本立足于提高劳动强度和效率，进而提升企业生产效率。当然，在这个过程中，员工也能因此而得到相应的物质或精神上的奖励，甚至能够将个人职业发展与企业发展融合起来，因此这也是非常重要的参与方式。

第四节　小结

上述制度变迁史的考察表明，在不同历史时期，企业民主管理的动力、目标、形式、领域和权限等，随着外在的政治经济环境以及内在的企业生产经营状况的变化而不断调整或变革，从而表现出一定的阶段性特点。通过对比这些调整或变革，能够让我们对我国企业民主管理或员工参与的制度结构有更为深刻的理解和把握。

首先，从推动企业民主管理的动力来看，可以概括出三个主要的动力。一是为了激发工人的积极性和主动性，以提升劳动效率、提高企业生产率；二是社会主义意识形态和政治民主的要求，以彰显工人阶级主人翁地位；三是为了维护工人的合法权益，以建立和谐劳动关系。

在不同历史时期，这三个方面的动力或多或少都有所体现，只是重要性有所差异而已。激发工人积极性和主动性一直是企业民主管理的重要动力，无论是在革命战争时期，还是在社会主义建设时期抑或是在改革开放之后，对这一动力的强调始终如一，特别是在企业发展的初期或者出现困难时，更是希望通过工人的积极主动参与来帮助企业发展或扭亏增盈。而对于社会主义意识形态和政治民主这一动力的强调，则主要集中在新中国成立后的社会主义建设时期，虽然在改革开放后，国家也仍然强调这一动力，但其象征意义似乎更多一些，而且也出现了一些质疑声音，即认为工人阶级作为领导阶级的政治地位，并不必然要求在企业中通过基层民主或企业民主管理的形式来体现。至于对维护工人合法权益这一动力的强调，虽然在各个历史时期都多少有所体现，但主要集中在改革开放之后，特别是 1990 年代中后期之后，随着国有企业改制和非公企业迅速发展，劳动关系基本完成市场化转型，企业民主管理成了维护工人合法权益和协调劳动关系的重要制度渠道。如果非要对这三个主要动力进行重要性排序的话，那么在革命战争时期，激发工人积极性和主动性占据主导地位；在社会主义建设时期，社会主义意识形态和政治民主的要求逐渐占据主导地位；到了改革开放时期，维护工人的合法权益逐渐占据主导地位。

其次，从企业民主管理的形式来看，可以概括出两种主要参与形式。第一种是直接参与，又可以区分出两种情况：一是集体性或全员性的直接参与，这主要是在劳动过程中的各种参与，其典型形式就是劳动竞赛、合理化建议、技术革新和技术协作等群众性生产技术活动，这种形式直接指向劳动生产率的提高，因此是以生产为中心的参与；二是个体性的直接参与，这主要表现为现代人力资源管理中的各种个人申诉或意见表达等，需要说明的是，由于本书主要是沿着企业民主管理传统来展开，因此对于这种参与形式基本没有予以考察和分析。第二种是间接参与或代表参与，同样也可以区分出两种情况：一是通过工人代表或工会代表进入企业经营决策机构（比如管理委员会或董事会等），参与企业生产经营决策中重大问题的讨论或决定，这种参与的代表只是少数个体，因此可以将其定义为个体性的代表参与；二是通过职工代表会议或职工代表大会等形式，参与企业生产经营管理中各方面事务的讨论或决定，与前者相比，这种参与的代表不仅人数较多，而且具有较高的代表性，因此可以将其定义为集体性的代表参与。

从不同历史时期的发展情况看，企业民主管理的形式具有很大的延续性。劳动过程中的全员性的直接参与，在各个时期都得到了大力倡导，而且其基本形式也得到了延续。个体性的代表参与最初采取的是“三人团”或者工厂管理委员会形式，这种形式也基本沿袭到现在。随着企业公司化改革后，这种个体性的代表参与采取了职工董事和职工监事的形式进入公司经营决策机构。至于集体性的代表参与，在战争时期就出现了，不过当时采取的是职工代表会议形式，1950 年代中后期才开始转变为常任制的职工代表大会形式，此后职工代表大会成为我国企业民主管理的基本形式。因此，总的来看，我国企业民主管理在形式上基本没有什么变化。

最后，从企业民主管理的权限来看，可以根据其权限的大小区分出不同的层级，分别是审议决定权、审议通过权（或否决权），审议建议权，评议监督权和选举权等。不过，与上述考察的两个方面不同，对企业民主管理权限的考察，必须结合企业民主管理的领域进行，因为不同领域的参与，其权限必然存在差异，而且对不同领域事务的参与程度上的差异，还与特定的历史时期相关。

在苏维埃政权时期，整个企业领导体制都处在探索初期，对于企业民主管理来说更是如此。因此，在初期曾给予工人很大的权限，甚至出现过由工会小组长来管理各部分生产的情况，但这就容易造成责任制缺失或无人负责，引发了诸如生产计划不能完成、材料浪费严重、产品质量糟糕等问题。于是，工人参与管理的权限开始得到理性反思，在生产经营问题上，企业民主管理的权限开始被减小了，逐渐变为审议建议权，即工人通过“三人团”或工厂管理委员会，以及后来建立起来的职工代表会议，参与企业生产经营管理问题的讨论，并提出意见、建议或批评。而如前所述，新中国成立之前，企业民主管理主要是围绕企业的生产经营活动的重要事项展开的，所以，这一阶段的企业民主管理的权限在总体上主要表现为针对企业生产经营活动的审议建议权。新中国成立之后，特殊的政治环境和经济体制使得企业民主管理制度得到快速的发展，特别是建立并推广了职工代表大会制度，但这并不意味着工人在企业中会有更大的经营管理权限。事实上，随着高度集中的计划经济体制的建立，企业生产经营管理方面的重大事项基本都由企业党委来决定，在这种情况下，企业民主管理的权限受到了较大的限定，更多地表现为一种监督权。改革开放后，为了恢复和重整企业生产秩序，也为了恢复合法性，提高工人的积极性，企业民主管理制度不仅迅速恢复，而且其权限也变得非常大，这直接表现在 1981 年的《国营工业企业职工代表大会暂行条例》中，职工代表大会对企业生产经营重大事项甚至具有决议权，对企业重要规章制度也具有审议通过权，至于涉及职工切身利益的各种福利和奖惩制度，直接具有决定权，针对企业领导干部还具有监督权以及一定条件下的选举权。不过，在生产秩序恢复后，随着企业经营自主权的进一步下放，职工代表大会的权限很快被减小，尤其是针对企业生产经营重大事项的权限，变成了审议建议权，甚至在涉及职工切身重大利益事项上，职工代表大会的权限还一度被减小为审议建议权。不过，随着维护职工合法权益及构建和谐劳动关系的重要性日益凸显，针对涉及职工切身利益的重大事项，职工代表大会的权限有所增加，变为审议通过权，但在涉及企业生产经营重大事项时，职工代表大会仍然主要是审议建议权，此外，还享有对企业管理层的监督权和评议权以及对职工董事和职工监事的选举权，至此，企业民主管理的权限终于在企业经营自主权和职工合法权益维护之间找到了一个平衡点。

总的来说，上述不同历史阶段所表现出来的调整或变革，是中国共产党对企业领导体制进行探索、反思和完善的结果。经过近百年的探索、反思和完善，一套比较成熟的、系统的、有中国特色的民主管理和员工参与制度体系基本形成，这套制度体系在很大程度上既回应了外部制度环境的要求，也符合企业内在发展的规律。

第四章　中国式员工参与的实践与变迁

前面的制度史考察将我国企业民主管理或员工参与的制度结构特点及其变迁趋势较为系统地呈现了出来。不过，制度及制度变迁只是事物发展的一个方面，而另一个同样重要的方面是制度怎么实践的，因此，我们还需要考察员工参与的制度实践及其变迁。只有综合了这两个方面的考察，才能全面地把握我国员工参与的总体结构及变迁趋势。为此，我们先后于2007年和2017年针对全国城镇职工的参与状况进行了两次抽样调查，具体抽样方法已经在前面的研究方法中进行了详细介绍，本章将对两次调查的结果进行对比，以探讨我国员工参与在具体实践上的特点及变迁趋势。

第一节　样本基本情况

两次抽样调查的样本基本统计情况如表4－1、表4－2所示，其中分别统计了被调查者个人基本情况以及与其工作相关的基本情况。

从个人基本情况来看，与2007年的样本相比，在2017年的样本中，女性比例明显偏高（增加了18.9个百分点），而且农业户口的比例也增加了很多（增加了23.8个百分点），在年龄结构上偏年轻化，或许正是因为偏年轻化，所以未婚比例也明显较高（增加了14.5个百分点），同时，技术职称上偏低一些，不过在教育程度上则稍微偏高一些，另外，在政治面貌上，中共党员明显减少（降低了15.8个百分点），而普通群众的比例则增加了不少。

表 4－1　被调查对象个人基本情况统计

单位：%

性别	2007 年	2017 年	户口类型	2007 年	2017 年
男	53.6	34.7	农业户口	6.2	30.0
女	46.4	65.3	城镇户口	93.8	70.0
年龄组	2007 年	2017 年	技术职称	2007 年	2017 年
16～25 岁	11.7	14.5	高级	3.4	3.3
26～35 岁	31.7	45.9	中级	21.6	17.6
36～45 岁	36.9	25.1	初级	19.0	17.2
46～55 岁	17.6	12.5	未定级	33.7	43.2
56～65 岁	2.1	2.0	非专业技术人员	22.3	18.7
政治面貌	2007 年	2017 年	受教育程度	2007 年	2017 年
共青团员	13.1	15.9	小学及以下	1.5	2.6
中共党员	27.9	12.1	初中	16.1	13.0
民主党派	0.7	0.2	高中/技校/职高/中专	35.6	28.4
普通群众	58.3	71.8	大专	27.7	28.7
			大学	18.0	24.3
			研究生	1.1	3.0
			婚姻状况	2007 年	2017 年
			未婚	17.6	32.1
			已婚	82.4	67.9

表 4－2　被调查对象工作基本情况统计

单位：%

产业类型	2007 年	2017 年	当前企业工龄	2007 年	2017 年
工农业	23.3	18.7	1 年以下	7.8	5.2
流通业	19.8	20.3	1～3 年	24.9	37.6
社会服务业	24.4	45.4	4～10 年	26.0	36.4
文化产业	17.4	13.9	11～20 年	23.9	14.4
公共服务业	15.1	1.7	21 年及以上	17.4	6.4

续表

所有制类型	2007 年	2017 年	企业规模	2007 年	2017 年
个体户	5.3	26.3	10 人及以下	11.4	26.7
私营企业	18.5	40.7	11～50 人	24.3	33.8
股份（合作）制	11.3	8.7	51～100 人	14.9	11.4
国有企业	25.8	9.9	101～300 人	20.5	15.0
国有事业单位	20.2	7.5	301～500 人	7.3	4.2
集体企业	4.3	3.4	501～1000 人	10.3	3.5
外资和合资企业	4.4	3.0	1001 人及以上	11.3	5.4
党政群团机构	10.2	0.5			
所在区域	2007 年	2017 年			
东部地区	38.6	42.5			
中部地区	20.1	28.2			
西部地区	37.9	21.7			
东北地区	3.4	7.6			

从工作基本情况来看，与 2007 年的样本相比，在 2017 年的样本中，产业类型有较大的变化，社会服务业的比例提高了 21 个百分点，而公共服务业的比例降低了 13.4 个百分点，这也可以在很大程度上解释为什么 2017 年的样本中中共党员比例明显减少，因为公共服务业中党政机关及事业单位占比很高，而这些单位的就业人员中党员比例通常都比较高；在所有制类型上，国有企业、国有事业和党政群团机构的比例明显降低（分别降低了 15.9 个百分点、12.7 个百分点和 9.7 个百分点），而个体户和私营企业的比例则大幅增加（分别增加了 21 个百分点和 22.2 个百分点）。因此，2007 年的调查对象中，传统意义上的单位职工占多数，而 2017 年的调查对象中，非公企业的员工占多数；这种所有制类型上的差异在一定程度上会影响企业的规模，数据也的确显示，2017 年的样本的企业规模整体上要低于 2007 年，毕竟个体户和私营企业的规模与国有单位的规模相比要小，而且，近些年来，企业小微化也是一个

重要发展趋势；此外，所有制类型的差异也会影响到员工的流动性，通常来说，国有部门的员工流动性要低于非公部门，所以，2017 年的样本中，当前企业工龄超过 10 年的比例，要比 2007 年降低了 20.5 个百分点；最后，在个人月收入和家庭月收入上，经过 10 年的发展，二者都有显著的增长（如表 4－3 所示）。

表 4－3　被调查对象的收入情况

单位：元

	2007 年		2017 年	
个人月收入	平均数	标准差	平均数	标准差
	1589.7	1288.2	5480.9	9714.8
家庭月收入	平均数	标准差	平均数	标准差
	3242.0	2690.5	12791.0	18193.0

结合个人基本情况和工作基本情况来看，2007 年的样本和 2017 年的样本在内在结构上存在较大差异，其中最为主要的差异是所有制类型，而且这种差异在很大程度上带来了其他方面的差异。对于企业民主管理或员工参与来说，所有制很可能是一个非常重要的影响因素，一般而言，国有部门因为一直有企业民主管理的传统，因此在制度建设方面更为完备，而对于非公企业来说，则更多的是从人力资源管理的角度，来吸收和运用员工参与制度。

第二节　员工参与的制度实践与变迁

一　参与机会

先要考察的是员工在企业中的参与机会，我们主要通过三个指标来对参与机会进行操作化，即“我的主管常常要求我参与决策”“我常常有机会表达对工作的改进意见”“在工作上我和主管之间能够做到畅所欲言”，并采用李克特量表的方式进行计分，得出参与机会的分值[①]。统计结果显示，员工参与机会的分值在2007年为51.5，到2017年时变为56.1，有较明显的增加（如表4－4所示）。

表4－4　员工参与机会的分值比较

	平均数	方差	样本规模
参与机会（2007年）	51.5	447.3	4649
参与机会（2017年）	56.1	425.4	5039

具体从各个指标来看[②]，员工的参与机会都有所增加，不过相对而言，增加最多的是"我常常有机会表达对工作的改进意见"（增加了10.7个百分点）。这种围绕"工作的改进"进行的参与，其实在很大程度上可以理解为一种劳动过程中的参与。而在前一章中我们已经指出，劳动过程中的参与大多是为了提高劳动效率。这样，我们也就能理解为什么这种参与机会能够得到较大幅度的增加（如表4－5所示）。

表4－5　员工参与机会各指标的变化情况

单位：%

		不符合	一般	符合
我的主管常常要求我参与决策	2007年	29.1	44.9	26.0
	2017年	24.7	40.6	34.7
	变化值	-4.4	-4.3	8.7
我常常有机会表达对工作的改进意见	2007年	23.3	45.5	31.2
	2017年	14.9	43.2	41.9
	变化值	-8.4	-2.3	10.7

① 书中所有李克特量表的分值，都经过了转换，分值范围为0～100。

② 为了让结果呈现得更为简洁，我们将"很不符合"和"较不符合"合并为"不符合"，将"比较符合"和"完全符合"合并为"符合"。

续表

		不符合	一般	符合
在工作上我和主管之间能够做到畅所欲言	2007 年	19.6	46.9	33.5
	2017 年	17.2	40.8	42.0
	变化值	-2.4	-6.1	8.5

二　参与领域

前述的参与机会只是在一般意义上来分析员工参与的可能性，即对一般性参与机会的考察，接下来我们要考察在具体领域中员工参与的机会或可能的空间，即针对企业生产经营管理的一些重要方面（主要是单位经营、人事管理、工作环境、员工福利、增资扩股、业务管理、社会保障等 7 个方面），是限制还是允许抑或是鼓励员工参与。因此，可以将此处的考察理解为针对不同参与领域的具体参与机会或受鼓励程度的考察。

从整体上看，与 2007 年相比，员工在不同参与领域的具体参与机会或受鼓励程度在 2017 年是下降的，分值从 2007 年的 45.1 下降至 2017 年的 42.7，这看起来与前面关于一般性参与机会的分析刚好相反，所以我们同样必须考察每个指标的具体变化情况（如表 4-6 所示）。

表 4-6　员工参与领域的分值比较

	平均数	方差	样本规模
参与领域（2007 年）	45.1	617.3	4172
参与领域（2017 年）	42.7	770.3	4435

我们以“限制”程度为标准，从低到高对 2007 年和 2017 年的调查结果分别进行了排序，排序结果显示出以下特点（如表 4-7 所示）。

表 4-7　不同领域员工参与机会的比较

单位：%

2007 年	限制	允许	鼓励	2017 年	限制	允许	鼓励
工作环境	13.5	64.4	22.1	工作环境	19.5	58.1	22.4
单位经营	20.7	53.3	26.0	单位经营	24.7	47.9	27.4
业务管理	24.4	56.9	18.7	员工福利	26.1	52.0	21.9
员工福利	24.6	59.5	15.9	人事管理	34.4	44.3	21.3
社会保障	26.9	57.2	15.9	社会保障	34.4	47.9	17.7
人事管理	33.6	52.1	14.3	业务管理	36.8	43.8	19.4
增资扩股	42.2	45.1	12.7	增资扩股	55.5	27.8	16.7

首先，这 7 个方面的排序整体上还比较稳定，“工作环境”、“单位经营”、“社会保障”和“增资扩股”这 4 个方面的排序保持不变，“员工福利”的排序上升了 1 位，“人事管理”的排序提高了 2 位，“业务管理”的排序下降了 3 位。考虑到“业务管理”可能带来的理解上的模糊性，因此在一定程度上会影响调查结果的准确性，所以综合来看，针对企业生产经营管理的各个领域，企业对员工参与所持有的态度在这 10 年间基本是一致的，这也在一定程度上说明，企业对于员工参与的理解，已经具有了较高的稳定性。

具体就这 7 个方面的内在排序结构来看，“工作环境”的限制程度是最低的，工作环境对员工的意义是双重的，从消极意义上说，职业安全卫生直接关系员工的生命和健康，这是一种底线性的要求，从积极意义上说，人性化的工作环境有助于改善员工的工作态度或认同感，因此，企业在可能的前提下，比较容易接受员工针对工作环境提出的建议或要求；“单位经营”的限制程度也较低，而且，从“鼓励”的角度看，也是这 7 个方面中鼓励程度最高的，就现代管理理念来说，鼓励员工建言献策被认为是一种积极的管理方式，这对企业本身是有利的；相反，“增资扩股”的限制程度是最高的，企业的“鼓励”程度也是最低的，这不仅是因为该领域基本上只与企业所有者存在利害关系，与员工没有什么直接联系，而且也因为该领域专业性特别高，员工通常不掌握相关的知识和技能，难以进行有价值的参与。另外，在“员工福利”和“社会保障”方面的参与，大体上处于中间状态，虽然二者与“工作环境”一样，与员工的切身利益相关，不过似乎弹性空间更大些。

其次，从变迁的角度看，与2007年相比，2017年这7个方面的参与受到“限制”的比例都增加了，有意思的是，这7个方面的参与受到“鼓励”的比例其实也都有所增加，只是前者增加的比例要普遍高于后者，从而导致了前述的员工在具体参与领域中参与机会整体呈下降趋势。

从具体每个方面的变化情况来看，参与受到“限制”的比例增加最多的是“增资扩股”（增加了13.3个百分点），其次是“业务管理”（增加了12.4个百分点）。而参与得到“鼓励”的比例增加最多的是“人事管理”（增加了7.0个百分点），这一方面与人力资源管理引入员工对管理者的评价有关，另一方面也与企业民主管理传统中一直强调要对企业领导干部进行民主测评的重视相关，其次是“员工福利”（增加了6.0个百分点），这是关系到员工利益的问题，有利于激发员工积极性。

最后，综合来看，与员工利益密切相关的领域，特别是涉及底线的领域，企业越有可能允许或鼓励员工参与，反之，允许或鼓励的可能性要降低或者说越来越限制员工的参与；而且，从近10年的变迁趋势来看，也体现了这种参与的理念或原则。

三　参与权限

员工是否有参与机会，以及在什么领域的参与得到限制、允许或鼓励，只构成了员工参与的一个重要方面，即主要反映员工有没有参与的机会或权利，但还有一个重要方面，就是在这种参与过程中，员工到底有多大的决定权，即参与权限问题，所以接下来我们就要集中考察员工参与权限及其变迁趋势（如表4－8所示）。

表4－8　员工参与权限的分值比较

	平均数	方差	样本规模
参与权限（2007年）	15.7	405.0	4495
参与权限（2017年）	22.4	916.6	5105

从表4－8可以看到，与2007年相比，虽然2017年员工参与权限的平均分值增加了不少（增加了42.7%），但从具体分值来看，员工的参与权限还是非常小的（相对于满分100分而言）。当然，正如前一章所指出的，应该结合参与的具体事务来考察参与权限问题。

我们一共列举了8类常见的具体事务，分别是分配工作任务、岗位设置和变更、降职/升职、颁布新的规章制度、选拔干部、调整工资、单位的发展方向、开除员工；然后设定了4种参与权限，分别是“其他人决定不征询自己的意见”、“其他人决定但征询自己的意见”、“自己和其他人一起决定”和“自己一个人决定”。如果参照前一章对参与权限的分析，这4种权限可以分别类似于完全没有参与职权、审议建议权、审议通过权、决定权。

对比2007年和2017年的调查结果（分别见表4－9和表4－10，表格将参与权限从大到小做了一个大致的排序），可以得出如下两个基本观点。

表4－9　2007年员工在不同事务上的参与权限

单位：%

2007年	其他人决定不征询自己的意见	其他人决定但征询自己的意见	自己和其他人一起决定	自己一个人决定
分配工作任务	38.9	34.9	20.7	5.5
岗位设置和变更	57.0	32.0	9.2	1.8

续表

2007 年	其他人决定不征询自己的意见	其他人决定但征询自己的意见	自己和其他人一起决定	自己一个人决定
降职/升职	68.7	23.0	6.4	1.9
颁布新的规章制度	70.1	19.1	9.1	1.7
选拔干部	71.5	19.0	7.8	1.7
调整工资	72.8	18.3	7.2	1.7
单位的发展方向	75.0	15.4	7.9	1.7
开除员工	78.5	13.5	6.3	1.7

表 4-10　2017 年员工在不同事务上的参与权限

单位：%

2017 年	其他人决定不征询自己的意见	其他人决定但征询自己的意见	自己和其他人一起决定	自己一个人决定
分配工作任务	41.2	19.1	25.5	14.2
岗位设置和变更	59.0	20.7	10.3	10.0
调整工资	64.0	15.7	9.7	10.6
选拔干部	64.5	15.3	11.5	8.7
降职/升职	64.7	16.3	9.4	9.6
颁布新的规章制度	67.6	12.8	10.5	9.1
单位的发展方向	70.6	10.6	9.7	9.1
开除员工	70.6	10.4	8.2	10.8

针对上述 8 类不同事务，员工参与权限的排序具有一定的稳定性，这一点与前面的员工参与领域的排序稳定性高度相似，表明企业对员工参与权限的认识，基本是稳定的。具体来说，“分配工作任务”与“岗位设置和变更”稳定在前两位，相对较多的被调查者认为自己还是有一定参与权限的，而这两类事务在很大程度上，可以被视为劳动过程中的参与；“单位的发展方向”和

“开除员工”则稳定的排在最后两位，很少有员工能够在这方面享有一定的参与权限，从某种意义上说，这两类事务也的确离员工自身利益相对较远；其余4类事务，则在排序上稍微有些调整，但都处在中间位置，它们多少与员工切身利益有一定的直接联系。

从员工参与权限的变化来看，基本在每类事务上，能够享有一定参与权限的员工的比例在提高，这种提高主要表现在“自己和其他人一起决定”和“自己一个人决定”上，这表明员工参与权限在一定程度上得到了实质性的扩大，不过，员工参与的权限在总体上还是较小的。

四　参与渠道

员工参与需要参与渠道，我们结合前期实地调研的情况，列举了一些参与渠道，让被调查者对这些参与渠道的设置情况（企业是否有这些渠道）进行回答，两次调查的统计结果（如表4-11所示）。

表4-11　参与渠道的设置情况比较

单位：%

2007年			2017年		
	没有	有		没有	有
班组会/通报会	29.1	70.9	意见箱	52.1	47.9
意见箱	32.6	67.4	班组会/通报会	57.3	42.7
民主生活会/恳谈会/专题讨论会	42.5	57.5	单位发行的内部报刊通讯	70.1	29.9
单位发行的内部报刊通讯	53.6	46.4	技术（业务）攻关小组	72.8	27.2
技术（业务）攻关小组	54.5	45.5	领导热线/接待日/电子信箱	73.4	26.6
领导热线/接待日/电子信箱	58.3	41.7	局域网/网上论坛	73.5	26.5
局域网/网上论坛	61.2	38.8	民主生活会/恳谈会/专题讨论会	77.9	22.1

结合两次调查的数据来看，“班组会/通报会”和“意见箱”的设置比例较高，其中“班组会/通报会”是与员工的日常工作或劳动过程最为密切的参与渠道；而前后两次调查结果显示，2017年参与渠道的设立呈现明显减少的趋势，这可能归因于我们列举的参与渠道不全面或者被调查者并不清楚企业一些参与渠道的设立情况。不过，比参与渠道的设置更重要的是这些参与渠道的使用情况，这也是我们更为关注的方面。

表4－12的统计结果就与表4－11的统计结果表现出不同的趋势，与2007年相比，2017年各参与渠道的使用率或参与率都有较大幅度的提升。而且对列举出来的这些参与渠道来说，使用率具有一定的稳定性，其中使用率最高的是“班组会/通报会”这一参与渠道，如前所述，这与工作或劳动过程密切相关。

表4－12　参与渠道的使用情况比较

单位：%

2007年			2017年		
	未参与	参与		未参与	参与
班组会/通报会	26.9	73.1	班组会/通报会	18.2	81.8
民主生活会/恳谈会/专题讨论会	34.4	65.6	民主生活会/恳谈会/专题讨论会	23.1	76.9
单位发行的内部报刊通讯	50.6	49.4	单位发行的内部报刊通讯	29.7	70.3
技术（业务）攻关小组	51.1	48.9	局域网/网上论坛	32.4	67.6
局域网/网上论坛	52.5	47.5	技术（业务）攻关小组	41.5	58.5
领导热线/接待日/电子信箱	67.3	32.7	意见箱	46.5	53.5
意见箱	69.7	30.3	领导热线/接待日/电子信箱	49.2	50.8

五　非制度化参与

前面我们考察的员工参与都是制度化的员工参与，即由工作单位提供正式的参与渠道，让员工根据制度要求或遵循规定的程序所进行的各种参与。与此同时，还存在另一种类型的参与，是由参与者在这些正式的或制度化的渠道之外进行的，而且这类参与通常是正式制度所不太认可的，至少是不鼓励的，对于这类参与可命名为非制度化参与。员工的非制度化参与又可以区分为两类，其一是单位内的非制度化参与，其二是单位外的非制度化参与。对于前者我们从行动层面进行考察，即询问被调查者是否会与同事私下议论单位的一些事情；对于后者我们则是从意愿层面进行考察，即询问被调查者是否赞同采取某些非制度化的参与方式。

我们对2007年和2017年的非制度化参与情况进行分值对比。从表4－13可以看到，无论是单位内的非制度化参与行为，还是单位外的非制度化参与意愿，与2007年相比，2017年呈现明显减少和降低的趋势。

表4－13　非制度化参与的比较

		平均数	方差	样本规模
非制度性参与行为（单位内）	2007年	47.7	311.0	3938
	2017年	29.3	470.9	5172
非制度性参与意愿（单位外）	2007年	39.3	521.3	4628
	2017年	34.5	421.6	5506

就单位内非制度化参与行为的各项指标看，这7项指标的排序在两次调查中大体还比较稳定，被议论得相对较多的是“单位的规章制度”和“单位的发展前途”，这毕竟与员工的利益有较大的相关性，而议论最少的是“关于同事的闲话”，这基本属于私人事务。对比两次调查的结果可发现，围绕这些事项的议论的比例明显降低（如表4－14所示）。

表 4－14　单位内非制度化参与行为的具体情况

单位：%

2007 年				2017 年			
	从不	偶尔	经常		从不	偶尔	经常
1. 单位的规章制度	9.5	60.6	29.9	1. 单位的发展前途	44.7	43.2	12.1
2. 单位的发展前途	15.4	57.2	27.4	2. 单位的规章制度	37.8	50.3	11.9
3. 违章行为和事故	15.0	64.9	20.1	3. 同事的收入状况	41.5	50.4	8.1
4. 同事的收入状况	19.6	66.0	14.4	4. 违章行为和事故	52.0	40.7	7.3
5. 领导的为人处世	22.2	67.0	10.8	5. 人事变动的情况	48.0	47.2	4.8
6. 人事变动的情况	18.5	71.3	10.2	6. 领导的为人处世	50.8	45.5	3.7
7. 关于同事的闲话	48.8	46.5	4.7	7. 关于同事的闲话	63.7	32.9	3.4

就单位外非制度化参与意愿的各项指标看，被调查者对这 4 项行为的态度的排序也基本稳定，最不赞同的是“游行示威”，赞同“上访”和“罢工”的比例在 2017 年也明显降低了。总体上，愿意采取这些单位外的非制度化参与行为的比例是趋于下降的（如表 4－15 所示）。

表 4－15　单位外非制度性参与意愿的具体情况

单位：%

2007 年				2017 年			
	反对	无所谓	赞同		反对	无所谓	赞同
1. 上访	31.0	28.4	40.6	1. 公开集会	42.0	31.6	26.4
2. 公开集会	48.7	30.7	20.6	2. 上访	45.0	30.6	24.4
3. 罢工	61.4	25.6	13.0	3. 罢工	70.2	23.6	6.2
4. 游行示威	60.4	28.0	11.6	4. 游行示威	69.5	24.5	6.0

综合上述几个方面的考察和分析，可以得出如下简要结论。从整体上来看，这 10 年间，员工参与机会明显增多，不过其中参与机会最高的是围绕“工作的改进”进行的劳动过程中的参与，

其主要目的是提高劳动效率；在参与领域方面，员工参与保持了一个相对稳定的状态，即与员工利益最为密切，特别是涉及员工底线要求的领域，企业持允许或鼓励态度的可能性要大些，涉及企业经营管理领域，企业持允许或鼓励态度的可能性要小些，甚至会限制员工参与；员工参与权限在这10年间也得到了较为明显的增加，虽然有了较大幅度的增加，但员工参与的权限在总体上仍处于较低水平，同样，针对劳动过程中的参与，企业基于提高劳动效率的考虑，赋予员工参与的权限要稍微大些，而涉及职工切身利益方面的参与权限则要次之，至于与员工切身利益关系不直接或较不相关的企业经营事务，则权限就更小了；员工对各种参与渠道的使用率也明显提升了，而且，其中使用率最高的参与渠道，也是与劳动过程密切相关的渠道；最后，无论是员工在单位内的非制度化参与行为，还是单位外的非制度化参与意愿，在这10年间都明显减少和降低了。

第三节　员工参与的影响因素

前面只是在整体上考察了员工参与的一些重要方面在两次调查中的主要状况及变化，接下来我们将进一步考察，员工参与的这些重要方面在不同的企业和员工当中会有怎样的不同表现，或者说，企业的组织特点和员工的个人特点，对员工参与的上述各方面究竟有什么样的影响，比如，什么样的企业会提供更多的参与机会、更大的参与权限，又如，什么样的员工能够得到更多的参与机会，享有更大的参与权限等。

此处，我们将通过多元回归的统计方法，集中考察影响参与机会、参与领域、参与权限、单位内的非制度化参与行为和单位外的非制度化参与意愿这五个主要变量的可能因素。

一　员工参与机会的影响因素

我们首先以员工参与机会为因变量，以相关的个人变量和企业变量为自变量，对 2007 年和 2017 年的数据分别进行了多元回归分析，在回归模型上先后采用了强制回归模型（Enter）和逐步回归模型（Stepwise），另外，为了对比不同自变量的影响力大小，我们列举的都是标准回归系数①，数据统计结果，如表 4 - 16 所示。

表 4 - 16　员工参与机会的回归分析

	Beta（Enter）		Beta（Stepwise）	
	2007 年	2017 年	2007 年	2017 年
政治面貌（对照组：普通群众）				
共青团员	0.005	0.039*	—	0.035*
中共党员	0.101***	0.045*	0.090***	0.051**
个人月收入［对照组：500 元及以下（2007 年），2000 元及以下（2017 年）］				
501 ~ 1000 元（2001 ~ 3000 元）	0.051	0.062*	—	—
1001 ~ 1500 元（3001 ~ 4000 元）	0.138**	0.043	0.094***	—
1501 ~ 2000 元（4001 ~ 5000 元）	0.157***	0.065**	0.120***	0.037*
2001 ~ 2500 元（5001 ~ 6000 元）	0.126***	0.093***	0.109***	0.081***
2501 ~ 3000 元（6001 ~ 7000 元）	0.147***	0.068***	0.129***	0.062***
3001 元及以上（7001 元及以上）	0.174***	0.202***	0.165***	0.210***
家庭月收入［对照组：1000 元及以下（2007 年），5000 元及以下（2017 年）］				
1001 ~ 2000 元（5001 ~ 8000 元）	0.007	-0.014	—	—
2001 ~ 3000 元（8001 ~ 11000 元）	0.020	-0.024	—	—
3001 ~ 4000 元（11001 ~ 15000 元）	0.010	0.016	—	—
4001 ~ 5000 元（15001 ~ 20000 元）	0.019	0.029	—	—
5001 元及以上（20001 元及以上）	0.029	0.021	—	—
婚姻状况（对照组：未婚）				
已婚	-0.001	0.048**	—	0.071***

① 对于其余几个因变量，我们也是采用同样的统计方法，后面不再赘述。

续表

	Beta（Enter）		Beta（Stepwise）	
	2007 年	2017 年	2007 年	2017 年
户籍类型（对照组：农村户口）				
城镇户口	0.019	0.008	—	—
年龄组（对照组：16～25 岁）				
26～35 岁	-0.014	0.047	—	—
36～45 岁	-0.039	0.103***	—	0.042**
46～55 岁	-0.026	0.083**	—	—
56～65 岁	-0.028	0.055**	—	—
性别（对照组：女性）				
男性	0.035*	-0.034*	0.031*	-0.035*
文化程度（对照组：小学及以下）				
初中	0.001	0.049	-0.051**	—
高中/技校/职高/中专	0.067	0.111*	—	—
大专	0.062	0.112*	—	—
大学	0.031	0.134**	—	—
研究生	-0.011	0.058*	—	—
地理区域（对照组：西部地区）				
东部地区	0.079***	-0.090***	0.068***	-0.073***
中部地区	0.046**	-0.072***	0.037*	-0.056**
东北地区	0.014	-0.033	—	—
产业类型（对照组：工农业）				
流通业	0.008	0.026	—	—
社会服务业	0.007	0.010	—	—
文化产业	-0.007	0.016	—	—
公共服务业	0.026	0.048**	—	0.038*
所有制类型（对照组：个体户）				
私营企业	0.020	-0.071**	—	—
股份（合作）制	0.011	-0.062**	—	—
国有企业	-0.029	-0.072**	-0.034*	—

续表

	Beta（Enter）		Beta（Stepwise）	
	2007 年	2017 年	2007 年	2017 年
所有制类型（对照组：个体户）				
国有事业单位	-0.017	-0.088***	—	-0.031[a]
集体企业	0.025	-0.020	—	—
外资和合资企业	-0.024	-0.044*	—	—
党政群团机构	-0.020	-0.026	—	—
企业规模（对照组：10 人及以下）				
11~50 人	-0.095***	-0.036	—	-0.060**
51~100 人	-0.077**	-0.050*	—	-0.071***
101~300 人	-0.117***	-0.021	-0.047**	-0.047*
301~500 人	-0.089***	-0.046**	-0.042**	-0.066***
501~1000 人	-0.107***	-0.037*	-0.057***	-0.057***
1001 人及以上	-0.128***	-0.057**	-0.073***	-0.079***
当前企业工龄（对照组：1 年以下）				
1~3 年	-0.011	0.013	—	—
4~10 年	-0.025	0.043	—	—
11~20 年	-0.043	0.043	-0.035*	—
21 年及以上	-0.010	0.009	—	—
技术职称（对照组：非专业技术人员）				
高级	0.053**	0.111***	—	0.116***
中级	0.123***	0.164***	0.068***	0.171***
初级	0.054**	0.138***	—	0.140***
未定级	0.051*	0.098***	—	0.097***
R^2	0.106	0.121	0.093	0.106

*** $p<0.001$，** $p<0.01$，* $p<0.05$；[a]：Sig. =0.059。

结合两次调查数据的统计结果看，对参与机会始终有显著影响的变量主要是政治面貌、个人月收入、技术职称、性别、地理区域和企业规模，其余变量或者没有影响，或者只是在某一年度的数据中有显著影响。

具体来看，相比普通群众，中共党员的参与机会明显多一些，不过，对比两次调查的回归系数后，可以看到党员身份的影响作用是在下降的；在个人月收入方面，收入高的员工参与机会也会更多，而且基本可以认为，随着个人月收入的提高，员工参与机会在增多，同样，随着时间的推移，个人月收入的影响作用也是在下降的（除了个人月收入最高的那一组人群）；有专业技术能力的员工要比非专业技术员工的参与机会显著多些，即便是那些未定级的专业技术员工也是如此，不过，与前两个变量的影响力在下降相反，技术职称的影响力随着时间的推移在增强；在性别与参与机会的关系上，虽然两次调查结果中都呈现显著性相关，但2007年呈正相关，而2017年呈负相关，且标准回归系数都相对较小；与西部地区相比，东北地区没有表现出显著的差异，但东部地区和中部地区都与西部地区表现出了显著差异，而且与性别一样，这种差异在两次调查中表现出相反的特征，即2007年，东部地区和中部地区的员工参与机会要显著多于西部地区，但到了2017年却相反；最后，随着企业规模的增加，似乎员工参与的机会越少，至少在2007年的数据中，企业规模与员工参与机会呈现较为显著的负相关，在2017年的数据中，虽然没有表现出稳定的负相关关系，但1001人及以上规模的企业，员工参与机会也是最少的，另外对比两次调查结果看，回归系数的变化整体上变化并不大，说明企业规模的负向影响较为稳定。

综合上述六个具有显著影响的变量的具体结果来看，可以得出如下较为明确的结论。

首先，从个人层面来说，在企业结构中处于相对优势岗位或层级的个体（表现为政治面貌是中共党员，个人月收入较高，具有一定的专业技术水平），具有更多的参与机会，这与企业的科层管理特性是相通的。不过随着时间的推移，政治面貌和个人月收入的影响力在下降，即不同政治面貌或个人月收入的员工虽然在参与机会上存在差异，但这种差异在缩小。不过，技术职称的影响则不仅没有降低，反而有增加的趋势。

其次，从企业层面来说，只有企业规模对员工参与机会有显著的负向影响，而且这种影响相对比较稳定，这可能是因为企业规模越小，员工彼此之间以及员工与企业经营管理者之间的交流机会也越多，而且员工个体的作用或贡献也越重要，反之则可能会弱化。

最后，与通常的一些观点或想象不同，所有制类型与员工参与机会几乎没有什么显著关系，而且产业类型与员工参与机会同样没有表现出较为明显的相关性。另外，个人层面的文化程度、家庭月收入、婚姻状况、年龄以及企业工龄等，也没有表现出稳定的或显著的影响。

二　员工参与领域的影响因素

我们采用同样的统计方法对员工在各具体参与领域中受鼓励程度进行了回归分析，具体数据统计结果，如表 4 - 17 所示。

表 4 - 17　员工参与领域的回归分析

	Beta（Enter）		Beta（Stepwise）	
	2007 年	2017 年	2007 年	2017 年
政治面貌（对照组：普通群众）				
共青团员	0.060**	0.025	0.066***	—
中共党员	0.084***	0.024	0.099***	—
个人月收入［对照组：500 元及以下（2007 年），2000 元及以下（2017 年）］				
501 ~ 1000 元（2001 ~ 3000 元）	0.040	-0.056*	-0.041**	—
1001 ~ 1500 元（3001 ~ 4000 元）	0.086*	-0.061*	—	—
1501 ~ 2000 元（4001 ~ 5000 元）	0.098*	-0.020	—	—
2001 ~ 2500 元（5001 ~ 6000 元）	0.049	-0.021	—	—
2501 ~ 3000 元（6001 ~ 7000 元）	0.124***	-0.028	0.060***	—
3001 元及以上（7001 元及以上）	0.096**	-0.016	0.041**	—
家庭月收入［对照组：1000 元及以下（2007 年），5000 元及以下（2017 年）］				
1001 ~ 2000 元（5001 ~ 8000 元）	-0.059	0.014	—	—

续表

	Beta（Enter）		Beta（Stepwise）	
	2007 年	2017 年	2007 年	2017 年
家庭月收入［对照组：1000 元及以下（2007 年），5000 元及以下（2017 年）］				
2001～3000 元（8001～11000 元）	-0.075*	0.010	—	—
3001～4000 元（11001～15000 元）	-0.033	-0.008	—	—
4001～5000 元（15001～20000 元）	-0.065*	-0.019	—	—
5001 元及以上（20001 元及以上）	-0.065*	0.005	—	—
婚姻状况（对照组：未婚）				
已婚	0.003	-0.004	—	—
户籍类型（对照组：农村户口）				
城镇户口	0.057**	-0.041*	0.059***	-0.044**
年龄组（对照组：16～25 岁）				
26～35 岁	-0.021	-0.040	—	—
36～45 岁	-0.018	-0.030	—	—
46～55 岁	-0.022	-0.028	—	—
56～65 岁	-0.021	0.010	—	—
性别（对照组：女性）				
男性	-0.001	-0.074***	—	-0.077***
文化程度（对照组：小学及以下）				
初中	-0.053	0.032	—	—
高中/技校/职高/中专	-0.086	0.016	—	—
大专	-0.072	0.010	—	—
大学	-0.029	0.031	0.046**	—
研究生	-0.031	-0.007	—	—
地理区域（对照组：西部地区）				
东部地区	-0.004	0.067**	—	0.047**
中部地区	0.122***	0.015	0.127***	—
东北地区	-0.026	0.027	—	—
产业类型（对照组：工农业）				
流通业	0.013	0.049*	—	—

续表

	Beta (Enter)		Beta (Stepwise)	
	2007 年	2017 年	2007 年	2017 年
产业类型（对照组：工农业）				
社会服务业	0.000	0.050*	—	—
文化产业	-0.003	0.034	—	—
公共服务业	-0.003	-0.001	—	—
所有制类型（对照组：个体户）				
私营企业	-0.037	-0.072**	-0.070***	-0.091***
股份（合作）制	0.020	0.006	—	—
国有企业	0.013	0.009	—	—
国有事业单位	0.029	0.016	—	—
集体企业	0.036	-0.009	—	—
外资和合资企业	0.045	-0.005	—	—
党政群团机构	0.044	0.032	—	—
企业规模（对照组：10 人及以下）				
11~50 人	0.014	-0.019	—	—
51~100 人	0.010	0.015	—	—
101~300 人	0.003	0.001	—	—
301~500 人	-0.001	0.028	—	—
501~1000 人	-0.012	-0.025	—	—
1001 人及以上	0.029	0.003	—	—
当前企业工龄（对照组：1 年以下）				
1~3 年	-0.056	-0.044	—	-0.054**
4~10 年	-0.044	0.011	—	—
11~20 年	-0.020	0.008	—	—
21 年及以上	0.038	0.054	0.069***	0.050**
技术职称（对照组：非专业技术人员）				
高级	0.035*	0.046*	—	0.054**
中级	0.064**	0.117***	0.043**	0.129***

续表

	Beta（Enter）		Beta（Stepwise）	
	2007 年	2017 年	2007 年	2017 年
技术职称（对照组：非专业技术人员）				
初级	0.039	0.101***	—	0.104***
未定级	0.011	0.056*	—	0.060**
R^2	0.083	0.054	0.071	0.042

*** $p<0.001$，** $p<0.01$，* $p<0.05$。

两次调查的统计结果显示，能够产生稳定影响的变量主要有技术职称、当前企业工龄、所有制类型、户籍和地理区域。具体来看，技术职称越高的员工，其参与越会受到鼓励，特别是具有中级技术职称的员工，在各参与领域中受鼓励的程度最高，而且随着时间的推移，技术职称的影响力在明显增加；企业工龄方面，只有达到 21 年及以上的老员工，他们在各领域中的参与才最受鼓励，不过其标准回归系数有所下降；户籍类型的影响在两次调查中刚好相反，2007 年，城镇户口的员工受到鼓励程度高于农村户口的员工，而 2017 年的结果是反过来的；在所有制类型方面，只有私营企业的员工在各参与领域中的参与机会偏低；在地理区域上，2007 年，中部地区的员工参与机会较高，2017 年，则是东部地区的员工参与机会较高。

另一些有影响的变量则在两次调查中表现得并不一致或稳定。政治面貌、个人月收入和文化程度这三个变量在 2007 年存在一定的显著影响。具体来说，相比普通群众，中共党员和共青团员在各参与领域的受鼓励程度较高，且中共党员受鼓励程度最高；相比低收入的员工，收入较高的员工的参与会更受到鼓励；在文化程度方面，只有大学学历的员工受鼓励程度显著高于小学及以下学历的员工。不过，到 2017 年，这三个变量都不再具有显著性影响了。在性别上，情况刚好反过来，即在 2007 年没有什么影响，但到了 2017 年，男性在参与上受鼓励的程度要低于女性。

其余的变量，包括年龄、家庭月收入、婚姻状况，以及企业规模和产业类型，对员工在不同参与领域的受鼓励程度一直没有显著影响。

综合上述分析，就各参与领域中员工受鼓励程度来看，能够维持稳定且显著影响力的重要变量是技术职称水平，而且其影响力随时间的推移是在增大的；另外有一些有影响力的变量，其影响力随着时间的推移弱化了，或者就不再具有显著影响力了，这包括政治面貌、个人月收入和文化程度等。

三 员工参与权限的影响因素

参与机会或参与是否会受到鼓励只是表明员工能否参与，但员工参与后其影响力究竟有多大，即参与权限，则是更进一步的问题。员工参与权限的回归分析结果，如表4－18所示。

表4－18 员工参与权限的回归分析

	Beta（Enter）		Beta（Stepwise）	
	2007年	2017年	2007年	2017年
政治面貌（对照组：普通群众）				
共青团员	0.088***	0.051***	0.084***	0.048***
中共党员	0.141***	0.032*	0.140***	—
个人月收入［对照组：500元及以下（2007年），2000元及以下（2017年）］				
501～1000元（2001～3000元）	0.013	0.037	—	—
1001～1500元（3001～4000元）	0.029	0.089***	—	0.068***
1501～2000元（4001～5000元）	0.033	0.148***	—	0.133***
2001～2500元（5001～6000元）	0.067*	0.174***	0.053**	0.161***
2501～3000元（6001～7000元）	0.098***	0.148***	0.084***	0.139***
3001元及以上（7001元及以上）	0.179***	0.474***	0.173***	0.456***
家庭月收入［对照组：1000元及以下（2007年），5000元及以下（2017年）］				
1001～2000元（5001～8000元）	0.045	－0.003	—	—
2001～3000元（8001～11000元）	0.038	0.016	—	—

续表

	Beta（Enter）		Beta（Stepwise）	
	2007 年	2017 年	2007 年	2017 年
家庭月收入［对照组：1000 元及以下（2007 年），5000 元及以下（2017 年）］				
3001～4000 元（11001～15000 元）	0.080**	0.039*	0.057***	0.036**
4001～5000 元（15001～20000 元）	0.071**	0.047**	0.055**	0.043**
5001 元及以上（20001 元及以上）	0.118***	0.065***	0.100***	0.062***
婚姻状况（对照组：未婚）				
已婚	0.038*	-0.007	0.045**	—
户籍类型（对照组：农村户口）				
城镇户口	0.011	-0.031*	—	-0.029*
年龄组（对照组：16～25 岁）				
26～35 岁	0.024	-0.026	—	—
36～45 岁	0.037	-0.001	—	—
46～55 岁	0.012	-0.005	—	—
56～65 岁	-0.013	0.031*	—	0.027*
性别（对照组：女性）				
男性	0.044**	-0.007	0.041**	—
文化程度（对照组：小学及以下）				
初中	-0.064	0.049	—	—
高中/技校/职高/中专	-0.058	0.063	—	—
大专	-0.028	0.052	0.032*	—
大学	-0.044	0.049	—	—
研究生	-0.010	0.006	—	—
地理区域（对照组：西部地区）				
东部地区	0.029	-0.113***	—	-0.118***
中部地区	-0.007	-0.035*	—	-0.037*
东北地区	-0.001	-0.044**	—	-0.044**
产业类型（对照组：工农业）				
流通业	-0.020	0.029	—	—
社会服务业	-0.023	0.039*	—	—
文化产业	-0.018	-0.004	—	—

续表

	Beta（Enter）		Beta（Stepwise）	
	2007 年	2017 年	2007 年	2017 年
产业类型（对照组：工农业）				
公共服务业	-0.047	0.014	—	—
所有制类型（对照组：个体户）				
私营企业	-0.176***	-0.166***	-0.233***	-0.169***
股份（合作）制	-0.172***	-0.118***	-0.232***	-0.116***
国有企业	-0.255***	-0.126***	-0.344***	-0.124***
国有事业单位	-0.248***	-0.131***	-0.328***	-0.130***
集体企业	-0.086***	-0.057***	-0.121***	-0.057***
外资和合资企业	-0.112***	-0.076***	-0.151***	-0.076***
党政群团机构	-0.143***	-0.003	-0.209***	—
企业规模（对照组：10 人及以下）				
11～50 人	-0.135***	-0.222***	—	-0.223***
51～100 人	-0.125***	-0.173***	—	-0.176***
101～300 人	-0.176***	-0.175***	-0.053**	-0.176***
301～500 人	-0.103***	-0.085***	—	-0.089***
501～1000 人	-0.145***	-0.080***	-0.048**	-0.084***
1001 人及以上	-0.165***	-0.094***	-0.061***	-0.099***
当前企业工龄（对照组：1 年以下）				
1～3 年	-0.037	-0.021	—	-0.037**
4～10 年	-0.003	0.023	—	—
11～20 年	-0.029	0.019	—	—
21 年及以上	-0.025	-0.007	—	—
技术职称（对照组：非专业技术人员）				
高级	0.075***	0.065***	0.070***	0.050***
中级	0.121***	0.115***	0.106***	0.088***
初级	0.048*	0.044**	0.037*	—
未定级	0.028	0.039*	—	—
R^2	0.179	0.397	0.166	0.391

*** $p<0.001$，** $p<0.01$，* $p<0.05$。

从表中可以看到，两次调查中，对员工参与权限都具有显著影响的变量主要是技术职称、企业规模、企业所有制类型、个人月收入和家庭月收入。具体来说，技术职称较高，员工参与权限也相对较大，不过从回归系数来看，与2007年相比，2017年技术职称对员工参与权限的影响力有所减小。企业规模对员工参与权限的影响，与其对参与机会的影响相类似，即小微企业（人数10人及以下）中员工参与权限要显著大于其他规模的企业，企业规模变大时，员工参与权限会减小，而且随着时间的推移，企业规模对参与权限的负向影响力也在增大。在所有制类型方面，个体户（其实基本都是小微企业）中，员工参与权限要显著大于其他所有制类型，而从标准回归系数来看，集体企业因为所有制类型的独特，所以员工参与权限要大于国有和私营等企业；而在国有企业和国有事业单位与私营企业和股份制企业之间，至少从回归系数来看，国有企业和国有事业单位员工的参与权限在2007年还要小于私营企业和股份制企业，到2017年，虽然情况是反过来的，即私营企业的参与权限要小于国有企业和国有事业单位，但它们的系数差别变小了，说明它们彼此间的差别进一步缩小了，不仅如此，从系数上看，不同所有制类型企业之间的差别都缩小了。个人月收入和家庭月收入对员工参与权限也都一直具有显著的正向影响，即个人月收入或家庭月收入越高，员工的参与权限越大，只是个人月收入的影响力更大些，其实，个人月收入越高，表明员工在企业中也就占据更好或更有权力的结构性位置，从而享有更大的参与权限，另外，对比2007年和2017年的回归系数来看，个人月收入的影响力变得更大了，而家庭月收入的影响力则在变小。政治面貌对员工参与权限也一直有显著影响力，不过，在2007年，中共党员和共青团员的参与权限都显著大于普通群众，但到了2017年，只有共青团员的参与权限显著大于普通群众，但系数降低了，说明政治面貌带来的差异性在缩小。在2007年，婚姻状况与员工参与权限还有相关性，即已婚的员工参与权限大于未婚的员工，但2017年，二者就没有什么显著相关性了。性别的影响也是一样，2007年，男性员工参与权限要显著高于女性，但2017年，性别也不再有显著影响了。在地理区域方面，2007年，区域不具有显著影响力，但到2017年，西部地区的员工参与权限要显著大于其他地区。

对员工参与权限一直完全没有影响的是产业类型，至于当前企业工龄、文化程度、年龄等，对员工参与权限也基本没有什么显著影响。

综合上述情况可以发现，个人月收入对参与权限具有的影响力不仅稳定，而且还在增强；技术职称也一直存在显著的影响力，只不过随着时间的推移，其影响力有所下降；小型企业或个体户的员工参与权限一直是最大的，另外，虽然不同所有制企业之间存在一定的差异，但这种差异在缩小；至于政治面貌、性别、当前企业工龄、文化程度、年龄等变量，或者一直没有显著影响力，或者在2007年有显著影响力，但到2017年后就减弱了，甚至已不再具有显著影响力。

四　单位内非制度化参与的影响因素

在企业组织的正式结构中始终存在非正式的结构、群体和行为，这些非正式因素在一定程度上会影响组织的正式运行，其中的影响方式或机制，就是各种非制度化参与。单位内非制度化参与的回归分析结果，如表4－19所示。

表4－19　单位内非制度化参与的回归分析

	Beta（Enter）		Beta（Stepwise）	
	2007年	2017年	2007年	2017年
政治面貌（对照组：普通群众）				
共青团员	0.001	0.021	—	0.034*
中共党员	0.034	0.042*	—	0.044**

续表

	Beta（Enter）		Beta（Stepwise）	
	2007 年	2017 年	2007 年	2017 年
个人月收入［对照组：500 元及以下（2007 年），2000 元及以下（2017 年）］				
501～1000 元（2001～3000 元）	-0.069	0.055*	-0.084***	—
1001～1500 元（3001～4000 元）	-0.031	0.080**	-0.046*	0.049**
1501～2000 元（4001～5000 元）	-0.001	0.066**	—	0.038*
2001～2500 元（5001～6000 元）	0.026	0.036	—	—
2501～3000 元（6001～7000 元）	0.026	0.045*	—	0.031*
3001 元及以上（7001 元及以上）	-0.007	0.031	—	—
家庭月收入［对照组：1000 元及以下（2007 年），5000 元及以下（2017 年）］				
1001～2000 元（5001～8000 元）	0.011	-0.020	—	-0.038*
2001～3000 元（8001～11000 元）	0.031	0.021	—	—
3001～4000 元（11001～15000 元）	0.013	0.036	—	—
4001～5000 元（15001～20000 元）	0.004	0.024	—	—
5001 元及以上（20001 元及以上）	0.034	0.013	—	—
婚姻状况（对照组：未婚）				
已婚	0.031	0.004	0.038*	—
户籍类型（对照组：农村户口）				
城镇户口	-0.016	0.017	—	—
年龄组（对照组：16～25 岁）				
26～35 岁	-0.025	-0.050	—	—
36～45 岁	-0.084*	-0.048	-0.059**	—
46～55 岁	-0.106**	-0.017	-0.085***	—
56～65 岁	-0.013	-0.041*	—	-0.034*
性别（对照组：女性）				
男性	0.038*	0.009	0.047**	—
文化程度（对照组：小学及以下）				
初中	-0.026	-0.013	—	-0.058***
高中/技校/职高/中专	0.031	0.035	0.061***	—
大专	-0.031	0.047	—	—
大学	-0.040	0.072	—	0.049**

续表

	Beta（Enter）		Beta（Stepwise）	
	2007 年	2017 年	2007 年	2017 年
文化程度（对照组：小学及以下）				
研究生	-0.010	-0.004	—	—
地理区域（对照组：西部地区）				
东部地区	-0.014	-0.052*	—	—
中部地区	-0.003	-0.029	—	—
东北地区	-0.082***	0.027	-0.080***	0.046**
产业类型（对照组：工农业）				
流通业	-0.008	-0.052*	—	-0.036*
社会服务业	-0.042	-0.065**	—	-0.051**
文化产业	-0.032	-0.024	—	—
公共服务业	0.041	-0.031	0.058*	—
所有制类型（对照组：个体户）				
私营企业	-0.081*	0.052*	—	0.048**
股份（合作）制	-0.068*	0.025	—	—
国有企业	-0.117**	0.033	—	—
国有事业单位	-0.108*	0.012	—	—
集体企业	0.003	0.019	0.047**	—
外资和合资企业	-0.067**	0.018	—	—
党政群团机构	-0.178***	0.015	-0.093***	—
企业规模（对照组：10 人及以下）				
11~50 人	0.005	0.051*	—	—
51~100 人	-0.007	0.044*	—	—
101~300 人	-0.022	0.118***	—	0.096***
301~500 人	-0.002	0.058**	—	0.044**
501~1000 人	-0.023	0.031	—	—
1001 人及以上	-0.036	0.054**	—	0.048**
当前企业工龄（对照组：1 年以下）				
1~3 年	0.093**	-0.014	0.068***	—
4~10 年	0.044	-0.002	—	—

续表

	Beta（Enter）		Beta（Stepwise）	
	2007 年	2017 年	2007 年	2017 年
当前企业工龄（对照组：1 年以下）				
11～20 年	0.046	-0.016	—	—
21 年及以上	0.000	-0.037	-0.041*	—
技术职称（对照组：非专业技术人员）				
高级	0.085***	0.032	0.065***	—
中级	0.064**	0.031	—	—
初级	0.044*	0.033	—	—
未定级	0.046*	0.052*	—	—
R^2	0.053	0.060	0.040	0.045

*** $p<0.001$，** $p<0.01$，* $p<0.05$。

从表中统计结果可以看到，户籍类型是唯一一直没有显著影响的因素，其他因素的影响可以分为如下一些情况。

有些因素在 2007 年有显著影响，但到 2017 年就没有了显著影响，这些因素包括技术职称、当前企业工龄、性别、婚姻状况等。具体来看，2007 年，高级技术职称的员工的非制度化参与要显著高于非专业技术员工；与入职 1 年以下的新员工相比，1～3 年工龄的员工的非制度化参与较多，而 21 年及以上的最少；男性员工非制度化参与的可能性比女性员工要大些；已婚员工要比未婚员工的非制度化参与多些。而到了 2017 年，这些差别都消失了或不再具有统计显著性了。

也有一些因素在 2007 年没什么显著影响，而到 2017 年有了显著影响。比如政治面貌，不同政治面貌的员工在 2007 年没有显著差异，到 2017 年共青团员和中共党员的非制度化参与都要显著高于普通群众；又如企业规模，2007 年不同企业规模的员工，在非制度化参与上没有显著差别，2017 年，中等规模的企业（101～300 人和 301～500 人）以及大型企业（1001 人及以上）员工的非制度化参与则要显著多些。结合前面对员工参与机会和参与权限的分析，可以推测，相对于小微企业来说，企业规模大，导致员工参与机会和参与权限偏少和偏小，在这种情况下，员工就可能通过非制度化的渠道来表达自己的意见、诉求或不满等。另外，企业规模大，本身就会带来更多的非正式关系或行为。

其余因素的影响似乎就显得有些复杂。在产业类型方面，与工农业相比，2007 年，公共服务业的员工非制度化参与显著性要高些，到 2017 年，流通业和社会服务业的员工的非制度化参与要显著偏少些。在所有制类型方面，2007 年，集体企业员工的非制度化参与显著多些，而党政群团机构员工的非制度化参与要显著偏少，到 2017 年，只有私营企业员工的非制度化参与显著多些。在年龄方面，2007 年，中年员工的非制度化参与较少，而 2017 年则是老年员工的非制度化参与较少。在文化程度方面，2007 年，高中/技校/职高/中专文化程度的员工的非制度化参与要显著多些，2017 年，变成大学文化程度的员工的非制度化参与变多了，而初中文化程度的则最低。在个人月收入方面，2007 年，中低收入的员工非制度化参与较少，而 2017 年，中等收入和中高收入的员工的非制度化参与较多。在地理区域上，2007 年东北地区的非制度化参与显著偏少，而 2017 年则显著偏多。

综合上述分析可以发现，与前述的员工参与机会或参与权限等变量相比，员工在单位内的非制度化参与行为显得更为复杂，并缺乏较为清晰的规律性。一种可能的解释是，员工参与机会、参与权限等主要是从企业的角度进行设定的，但是员工是否做出非制度化的参与行为，则不是由企业单方面来决定的，其中会有更多员工个人因素的介入，特别是员工的个人预期和实际结果之间的落差、员工以往的社会化状况等，这也就造成员工做出非制度化行为的原因变得更为复杂并且难以简单地予以概括。

五　单位外非制度化参与意愿的影响因素

当员工在企业内无法获得自身诉求的回应，而这种诉求又对员工非常重要时，那么员工就有可能采取更为激烈的非制度化参与方式，即做出单位外的非制度化参与行为，比如罢工、上访等。我们也的确看到，近些年来一些员工因为权益受到侵害而做出这些较为激烈的行为，这成了当前公共领域中比较重要的社会问题。不过，在调查中，我们是以采取这种非制度化参与的意愿而非行为作为因变量进行回归分析，回归分析的结果，如表 4－20 所示。

表 4－20　单位外非制度化参与意愿的回归分析

	Beta（Enter）		Beta（Stepwise）	
	2007 年	2017 年	2007 年	2017 年
政治面貌（对照组：普通群众）				
共青团员	－0.013	0.017	—	—
中共党员	－0.043**	－0.012	－0.041*	—
个人月收入［对照组：500 元及以下（2007 年），2000 元及以下（2017 年）］				
501～1000 元（2001～3000 元）	－0.009	0.022	—	—
1001～1500 元（3001～4000 元）	0.009	0.054*	—	0.045**
1501～2000 元（4001～5000 元）	0.045	0.004	0.040**	—
2001～2500 元（5001～6000 元）	0.013	0.006	—	—
2501～3000 元（6001～7000 元）	－0.013	－0.017	—	—
3001 元及以上（7001 元及以上）	0.016	－0.010	—	—
家庭月收入［对照组：1000 元及以下（2007 年），5000 元及以下（2017 年）］				
1001～2000 元（5001～8000 元）	0.045	0.029	—	—
2001～3000 元（8001～11000 元）	0.037	0.052*	—	0.036*
3001～4000 元（11001～15000 元）	0.027	0.014	—	—
4001～5000 元（15001～20000 元）	0.020	0.011	—	—
5001 元及以上（20001 元及以上）	0.019	0.006	—	—

续表

	Beta（Enter）		Beta（Stepwise）	
	2007 年	2017 年	2007 年	2017 年
婚姻状况（对照组：未婚）				
已婚	-0.030	-0.070***	—	-0.070***
户籍类型（对照组：农村户口）				
城镇户口	-0.015	-0.051**	—	-0.063***
年龄组（对照组：16~25 岁）				
26~35 岁	0.021	0.005	—	—
36~45 岁	0.002	-0.073**	—	-0.083***
46~55 岁	-0.038	-0.089***	-0.037*	-0.102***
56~65 岁	-0.046*	-0.037*	-0.041**	-0.040**
性别（对照组：女性）				
男性	0.023	0.056***	—	0.046**
文化程度（对照组：小学及以下）				
初中	-0.141**	-0.057	—	—
高中/技校/职高/中专	-0.197**	-0.110*	—	—
大专	-0.180**	-0.128*	—	—
大学	-0.167**	-0.055	—	0.045**
研究生	-0.057**	-0.025	—	—
地理区域（对照组：西部地区）				
东部地区	-0.055**	0.025	-0.064***	—
中部地区	0.004	0.145***	—	0.134***
东北地区	-0.112***	0.087***	-0.112***	0.082***
产业类型（对照组：工农业）				
流通业	-0.065**	0.051**	-0.065***	0.033*
社会服务业	-0.040*	0.033	-0.039*	—
文化产业	0.013	0.018	—	—
公共服务业	-0.069*	0.008	-0.074**	—
所有制类型（对照组：个体户）				
私营企业	-0.010	0.009	0.031[a]	—
股份（合作）制	-0.027	-0.001	—	—

续表

	Beta（Enter）		Beta（Stepwise）	
	2007 年	2017 年	2007 年	2017 年
所有制类型（对照组：个体户）				
国有企业	-0.091*	0.004	-0.060**	—
国有事业单位	-0.166***	-0.023	-0.118***	—
集体企业	-0.036	0.016	—	—
外资和合资企业	-0.030	0.033*	—	0.033*
党政群团机构	-0.141***	-0.032	-0.109***	-0.033*
企业规模（对照组：10 人及以下）				
11~50 人	0.025	-0.002	0.053**	—
51~100 人	-0.026	0.005	—	—
101~300 人	-0.025	0.014	—	—
301~500 人	-0.023	0.015	—	—
501~1000 人	-0.027	0.052**	—	0.049**
1001 人及以上	-0.036	0.044*	—	0.034*
当前企业工龄（对照组：1 年以下）				
1~3 年	0.059*	-0.026	0.083***	—
4~10 年	-0.021	-0.008	—	—
11~20 年	-0.026	-0.029	—	—
21 年及以上	-0.003	-0.032	—	—
技术职称（对照组：非专业技术人员）				
高级	0.025	0.014	—	—
中级	0.024	-0.021	—	-0.040*
初级	0.024	0.026	—	—
未定级	0.112***	-0.063**	0.096***	-0.077***
R^2	0.095	0.079	0.085	0.073

*** $p<0.001$，** $p<0.01$，* $p<0.05$；[a]：Sig. =0.092。

有一些因素在两次调查中始终存在显著影响，这其中有些可以得出较为明确的结论，即在单位外非制度化参与意愿方面，中低收入员工的意愿会显著强些，青年员工的意愿也显著强些，在规模较大的企业中，特别是大型企业的员工，其非制度化参与意愿也显著强些。从专业技术职称来看，2007 年，未定级的专业技术人员的非制度化参与意愿要比非专业技术人员显著强些，不过到 2017 年后，则是非专业技术员工有更强的参与意愿。结合这几个方面来看，基本可以认为，在工作单位中处于相对弱势地位的员工，诉诸单位外非制度化参与的意愿要更强些。

另外，在所有制类型方面，党政群团机构的员工的参与意愿始终是较弱的，国有企业和国有事业单位的员工在 2007 年也表现出较弱的参与意愿，而私营企业与外资和合资企业的员工则分别在 2007 年和 2017 年表现出较强的非制度化参与意愿。在产业类型方面，2007 年，工农业的员工的单位外非制度化参与意愿的程度要显著高于其他产业，而 2017 年后，则变成只是流通业的员工的非制度化参与意愿的程度明显高于工农业。至于地理区域方面，2007 年，西部地区的员工的非制度化参与意愿要显著强些，而 2017 年，则是中部地区和东北地区的员工的非制度化参与意愿显著强些。

也有一些因素在 2007 年有显著性影响，而到 2017 年就没有显著性影响了。主要就是政治面貌和当前企业工龄。具体来说，2007 年，中共党员的单位外非制度化参与意愿显著弱于普通群众，同时，1～3 年的员工的非制度化参与意愿要显著强些，而 2017 年，不同政治面貌的员工之间，以及不同当前企业工龄的员工之间都没有了显著性差异。

2007 年没有显著影响，而到 2017 年有显著影响的因素，主要是婚姻状况、户籍类型、性别和文化程度。2017 年，在单位外非制度化参与意愿方面，已婚员工要显著弱于未婚员工，城镇户口员工显著弱于农村户口员工，女性员工要显著弱于男性员工，大学文化程度的员工要显著强于小学及以下文化程度的员工。

综合上述分析可以得到较为粗略的判断。在单位外的非制度化参与意愿上，处于相对弱势地位的员工更有可能持赞同态度，因为他们的弱势地位，使得他们的诉求不太容易通过正式的或制度化的参与得到满足，但是我们需要注意的是，这里也只是考察了一种意愿而已，并非是行动本身，因为在一定程度上这种意愿还会受到其他因素的影响，包括员工的观念以及自身利益是否更受体制约束等。

通过对员工参与机会、参与领域、参与权限、单位内非制度化参与行为和单位外非制度化参与意愿的影响因素的细致考察，我们基本上可以得出如下一些结论。

第一，从员工个体层面看，在企业结构中处在优势地位的员工（比如技术职称较高、收入水平较高，政治面貌为中共党员等），无论是在一般性的参与机会上，还是在各参与领域中的具体参与机会上，抑或者是在参与权限上，都要显著优于其他员工。这其中特别重要的影响因素是技术职称水平，始终具有显著的正向影响，甚至其正向影响力还呈现扩大的趋势，这在一定程度上可以理解为企业经营管理的内在需要，毕竟处在优势地位的员工，通常都是企业中的骨干，必然会享有更多的参与机会和更大的参与权限，他们的这种参与状况是符合理性化逻辑的。不过，我们也看到，在这种分化的背后存在一种趋同的趋势，即随着时间的推移，不同个人特点（如文化程度、婚姻状况、年龄、当前企业工龄、性别等）的员工，在参与上越来越没有差异或者差异在缩小，至于这究竟是理性化的逻辑还是制度化的逻辑所导致的，则尚待进一步考察。

第二，从企业层面来看，与通常的一些看法似乎大不相同的是，所有制类型、产业类型等因素对员工参与机会或参与领域的影响并不那么显著，虽然所有制类型对于员工参与权限有一定的影响，但这种影响也在减弱。而企业规模的影响稍微显著些，大体上，企业规模越小，员工的参与机会越多，参与权限也越大，究其原因，很可能是因为企业主或经营管理者在小型企业中更容易与员工进行交流和互动，在这种小规模企业中，群策群力、共谋发展的经营模式可能占主导地位。

第三，与制度化参与的各变量相比，非制度化参与的情况显得更为复杂，因为制度化参与更多的是取决于企业的制度设置或安排，而非制度化参与则更多地取决于员工个体的动机和选择。不过即便如此，我们大体上可以认为，至少从单位外的非制度化参与意愿来看，处于相对弱势地位的员工会更倾向于赞同采取非制度化参与的方式。

总之，虽然员工参与仍然具有一定的限制性，但从发展趋势来看，至少在参与机会和参与领域上，是在趋于增加或受到鼓励的，而且这种趋势越来越具有趋同或包容的特点。

第四节　员工参与的意义

最后要考察的是员工参与的意义，这不外乎从三个方面来考察，即员工参与对员工、企业和社会分别具有什么作用或意义，这也一直是国内外学界进行实证研究的关注焦点。我们也将分别从这三个方面来分析员工参与的意义。

首先是对员工的意义，我们主要考察员工参与对员工工作认同度的影响，即参与机会、参与领域和参与权限的增加，是否会提升员工的工作认同度。其次是对企业的意义，以往的研究比较多的集中于探讨员工参与是否会提升企业绩效，不过我们主要是考察员工参与是否会减少员工在企业中或单位中的非制度化参与行为，毕竟大量的非制度化参与行为对于企业的正式组织结构和行动来说，很可能造成一些不必要的干扰或障碍。最后是对社会的意义，通常的研究比较多的是从基层民主政治的角度来看到员工参与的社会意义，不过我们则是从员工参与是否会降低员工的单位外非制度化参与意愿，因为如果能够降低这种意愿，自然也就有利于社会的和谐与稳定了。

当然，以上三个方面的意义在逻辑上是有密切关联的，员工的工作认同度高，对企业来说也有积极意义，而员工参与也是一种劳动关系协调机制，通过化解企业内部的矛盾，能间接达到降低劳资矛盾进入社会领域的可能性。

一　员工参与对工作认同度的影响

我们设计了一个李克特量表来测量工作认同度，其中采用了4个指标，分别是“对现在的工作满意程度”、“现在的工作与理想的工作的差距”、“是否有换工作的想法”和“如果从头再来是否会选择现在的工作”。两次调查结果显示，在这10年间，员工的工作认同度有所提高（如表4-21所示）。

表4-21　员工工作认同度的比较

	平均数	方差	样本规模
工作认同度（2007年）	56.7	367.5	4659
工作认同度（2017年）	62.0	339.2	5627

我们分别对2007年和2017年的员工工作认同感进行多元回归分析，都是直接采用逐步回归（Stepwise）模式，先是不引入员工参与的三个变量（参与机会、参与领域和参与权限），分别建立了模型1和模型3；然后再引入这三个变量，又分别建立模型2和模型4（如表4-22所示）。

表4-22　员工参与对工作认同感的影响

	Beta（2007年）		Beta（2017年）	
	模型1	模型2	模型3	模型4
政治面貌（对照组：普通群众）				
共青团员	0.045**	—	—	—
中共党员	0.063***	—	0.052**	0.046**

续表

	Beta（2007 年）		Beta（2017 年）	
	模型 1	模型 2	模型 3	模型 4
个人月收入［对照组：500 元及以下（2007 年），2000 元及以下（2017 年）］				
501～1000 元（2001～3000 元）	0.250***	0.243***	—	—
1001～1500 元（3001～4000 元）	0.336***	0.297***	0.049**	—
1501～2000 元（4001～5000 元）	0.351***	0.299***	0.089***	0.073***
2001～2500 元（5001～6000 元）	0.235***	0.200***	0.108***	0.068***
2501～3000 元（6001～7000 元）	0.257***	0.210***	0.083***	0.047**
3001 元及以上（7001 元及以上）	0.257***	0.206***	0.232***	0.114***
家庭月收入［对照组：1000 元及以下（2007 年），5000 元及以下（2017 年）］				
1001～2000 元（5001～8000 元）	—	—	—	—
2001～3000 元（8001～11000 元）	—	—	—	—
3001～4000 元（11001～15000 元）	—	—	—	—
4001～5000 元（15001～20000 元）	—	—	—	—
5001 元及以上（20001 元及以上）	0.040*	0.032[a]	—	—
婚姻状况（对照组：未婚）				
已婚	0.041*	0.038*	0.054***	0.052**
户籍类型（对照组：农村户口）				
城镇户口	—	—	0.049**	0.069***
年龄组（对照组：16～25 岁）				
26～35 岁	—	—	—	—
36～45 岁	—	—	—	—
46～55 岁	0.064***	0.068***	—	—
56～65 岁	0.052**	0.054**	0.028*	—
性别（对照组：女性）				
男性	-0.085***	-0.096***	-0.084***	-0.055**
文化程度（对照组：小学及以下）				
初中	0.040*	—	-0.045**	-0.039*
高中/技校/职高/中专	0.062***	—	—	—
大专	—	-0.049**	—	—

续表

	Beta（2007 年）		Beta（2017 年）	
	模型 1	模型 2	模型 3	模型 4
文化程度（对照组：小学及以下）				
大学	—	—	—	—
研究生	—	—	0.038*	0.048**
地理区域（对照组：西部地区）				
东部地区	—	—	—	—
中部地区	—	—	—	-0.033*
东北地区	0.058***	0.068***	0.049***	0.061***
产业类型（对照组：工农业）				
流通业	—	—	—	—
社会服务业	0.046**	0.036*	—	—
文化产业	—	—	0.111***	0.101***
公共服务业	0.112***	0.102***	0.042**	0.050**
所有制类型（对照组：个体户）				
私营企业	—	—	-0.034*	—
股份（合作）制	—	—	—	—
国有企业	—	—	—	0.041*
国有事业单位	0.059***	0.060***	—	—
集体企业	—	—	—	—
外资和合资企业	—	0.033*	-0.028*	—
党政群团机构	—	—	—	—
企业规模（对照组：10 人及以下）				
11~50 人	—	—	—	—
51~100 人	0.042**	0.039*	—	—
101~300 人	—	—	—	—
301~500 人	—	—	—	—
501~1000 人	—	—	—	—
1001 人及以上	—	—	-0.046**	—

续表

	Beta（2007 年）		Beta（2017 年）	
	模型 1	模型 2	模型 3	模型 4
当前企业工龄（对照组：1 年以下）				
1～3 年	—	—	—	—
4～10 年	—	—	—	—
11～20 年	—	—	0.034 *	—
21 年及以上	0.044 **	0.041 *	0.047 **	—
技术职称（对照组：非专业技术人员）				
高级	—	—	0.083 ***	0.085 ***
中级	—	—	0.153 ***	0.125 ***
初级	—	—	0.103 ***	0.081 ***
未定级	—	—	0.063 **	0.060 **
员工参与变量				
参与机会	—	0.205 ***	—	0.145 ***
参与领域	—	0.118 ***	—	0.116 ***
参与权限	—	0.045 **	—	0.078 ***
R^2	0.102	0.176	0.162	0.210

*** $p<0.001$，** $p<0.01$，* $p<0.05$；[a]：Sig. =0.083。

从 2007 年的统计结果看，对比模型 1 和模型 2，员工参与的三个变量引入后，模型的解释力度得到了一定的提升，而且三个变量都具有显著的正向影响；同样，从 2017 年的统计结果看，模型 4 的解释力度相比模型 3 也有一定的提升，员工参与的三个变量的回归系数也是呈显著正向影响的。因此，在总体上，员工参与是有利于提高工作认同度的。

从各变量的具体影响力来看，无论是 2007 年的调查还是 2017 年的调查，三个变量的影响力大小排序非常稳定。对工作认同度影响力最大的是参与机会，其次是参与领域，最后是参与权限。这个结果表明，给员工参与的机会或者在不同领域鼓励员工参与，就会有显著的正面效果，而并不必然要求有多么大的权限。之所以如此，可能是因为员工通过参与，让自己的意见或诉求能够得到表达，甚至在一定程度上因其诉求合理而得到了满足或部分的满足；也可能是因为员工只要进行了表达，就能够在一定程度上达到负面情绪的疏导或宣泄的效果，这时员工参与发挥了一定的调节作用。

二　员工参与对单位内非制度化参与的影响

我们在前面已经以员工个体和企业组织两个层面的相关变量作自变量，以单位内非制度化参与为因变量，进行过多元回归分析，此次我们在已有模型中再引入员工参与相关变量，也都是采用逐步回归（Stepwise）方式进行统计（如表 4－23 所示）。其中的模型 1 和模型 3 在前面的分析中其实已经出现过，而模型 2 和模型 4 则是在二者基础上分别引入员工参与相关变量的回归统计结果。

表 4－23　员工参与对单位内非制度性参与的影响

	Beta（2007 年）		Beta（2017 年）	
	模型 1	模型 2	模型 3	模型 4
政治面貌（对照组：普通群众）				
共青团员	—	—	0.034 *	—
中共党员	—	—	0.044 **	—
个人月收入［对照组：500 元及以下（2007 年），2000 元及以下（2017 年）］				
501～1000 元（2001～3000 元）	－0.084 ***	—	—	—
1001～1500 元（3001～4000 元）	－0.046 *	—	0.049 **	—
1501～2000 元（4001～5000 元）	—		0.038 *	—
2001～2500 元（5001～6000 元）	—	—	—	—
2501～3000 元（6001～7000 元）	—	—	0.031 *	—
3001 元及以上（7001 元及以上）	—	—	—	－0.061 **
家庭月收入［对照组：1000 元及以下（2007 年），5000 元及以下（2017 年）］				
1001～2000 元（5001～8000 元）	—	—	－0.038 *	－0.037 *
2001～3000 元（8001～11000 元）	—	—	—	—

续表

	Beta（2007年）		Beta（2017年）	
	模型1	模型2	模型3	模型4
家庭月收入［对照组：1000元及以下（2007年），5000元及以下（2017年）］				
3001～4000元（11001～15000元）	—	—	—	—
4001～5000元（15001～20000元）	—	—	—	—
5001元及以上（20001元及以上）	—	—	—	—
婚姻状况（对照组：未婚）				
已婚	0.038*	—	—	—
户籍类型（对照组：农村户口）				
城镇户口	—	—	—	—
年龄组（对照组：16～25岁）				
26～35岁	—	—	—	—
36～45岁	-0.059**	-0.045*	—	—
46～55岁	-0.085***	-0.094***	—	—
56～65岁	—	—	-0.034*	-0.043*
性别（对照组：女性）				
男性	0.047**	—	—	—
文化程度（对照组：小学及以下）				
初中	—	—	-0.058***	-0.063***
高中/技校/职高/中专	0.061***	0.064***	—	—
大专	—	—	—	—
大学	—	—	0.049**	0.044*
研究生	—	—	—	—
地理区域（对照组：西部地区）				
东部地区	—	—	—	—
中部地区	—	—	—	—
东北地区	-0.080***	-0.078***	0.046**	0.055**
产业类型（对照组：工农业）				
流通业	—	—	-0.036*	-0.049*
社会服务业	—	—	-0.051**	-0.086***

续表

	Beta（2007年）		Beta（2017年）	
	模型1	模型2	模型3	模型4
产业类型（对照组：工农业）				
文化产业	—	—	—	—
公共服务业	0.058*	0.056*	—	—
所有制类型（对照组：个体户）				
私营企业	—	—	0.048**	—
股份（合作）制	—	—	—	—
国有企业	—	—	—	—
国有事业单位	—	—	—	—
集体企业	0.047**	0.054**	—	—
外资和合资企业	—	—	—	—
党政群团机构	-0.093***	-0.097***	—	—
企业规模（对照组：10人及以下）				
11~50人	—	—	—	—
51~100人	—	—	—	—
101~300人	—	—	0.096***	0.093***
301~500人	—	—	0.044**	0.037*
501~1000人	—	—	—	—
1001人及以上	—	—	0.048**	—
当前企业工龄（对照组：1年以下）				
1~3年	0.068***	0.049**	—	—
4~10年	—	—	—	—
11~20年	—	—	—	—
21年及以上	-0.041*	—	—	—
技术职称（对照组：非专业技术人员）				
高级	0.065***	0.080***	—	—
中级	—	—	—	—
初级	—	—	—	—
未定级	—	—	—	—

续表

	Beta（2007 年）		Beta（2017 年）	
	模型 1	模型 2	模型 3	模型 4
员工参与变量				
参与机会	—	0.112 ***	—	0.042 *
参与领域	—	—	—	—
参与权限	—	0.111 ***	—	0.109 ***
R^2	0.040	0.067	0.045	0.049

*** $p<0.001$，** $p<0.01$，* $p<0.05$。

从总体模型的解释力度来看，不管是 2007 年的统计结果，还是 2017 年的统计结果，在引入了员工参与的三个变量后，模型的解释力度都没多少提高，这在一定程度上似乎表明其实员工参与对单位内的非制度化参与不会有太大的影响力。

从具体回归系数的情况来看，参与机会和参与权限都有显著正向影响，而参与领域则没有显著影响，这种结论与我们的预期不同，即员工参与并不会减少员工在单位内的非制度化参与行为，相反还有增强这种行为的倾向。

结合这两个方面的结果可以确定，员工参与并不会减少单位内的非制度化参与行为，而且它对这种行为的解释力非常小。这种结果或许可以帮助我们理解非制度化参与行为在正式结构中的存在特点。即非制度化参与行为不会因为在正式结构中设置了制度化参与渠道而消失，相反，其作为一种非正式因素会始终存在于正式结构之中。

三　员工参与对单位外非制度化参与意愿的影响

同样，我们在前面对单位外非制度化参与意愿的回归分析基础上引入员工参与的相关变量（如表 4－24 所示），模型 1 和模型 3 也是前面出现过的统计结果，模型 2 和模型 4 是引入员工参与变量的统计结果，所有模型都是采用逐步回归（Stepwise）方式。

表 4－24　员工参与对单位外非制度性参与意愿的影响

	Beta（2007 年）		Beta（2017 年）	
	模型 1	模型 2	模型 3	模型 4
政治面貌（对照组：普通群众）				
共青团员	—	—	—	—
中共党员	－0.041*	—	—	—
个人月收入［对照组：500 元及以下（2007 年），2000 元及以下（2017 年）］				
501～1000 元（2001～3000 元）	—	—	—	—
1001～1500 元（3001～4000 元）	—	—	0.045**	—
1501～2000 元（4001～5000 元）	0.040**	0.043**	—	—
2001～2500 元（5001～6000 元）	—	—	—	—
2501～3000 元（6001～7000 元）	—	—	—	－0.039*
3001 元及以上（7001 元及以上）	—	—	—	—
家庭月收入［对照组：1000 元及以下（2007 年），5000 元及以下（2017 年）］				
1001～2000 元（5001～8000 元）	—	—	—	—
2001～3000 元（8001～11000 元）	—	—	0.036*	—
3001～4000 元（11001～15000 元）	—	—	—	—
4001～5000 元（15001～20000 元）	—	—	—	－0.035*
5001 元及以上（20001 元及以上）	—	—	—	—
婚姻状况（对照组：未婚）				
已婚	—	—	－0.070***	－0.096***
户籍类型（对照组：农村户口）				
城镇户口	—	—	－0.063***	－0.074***
年龄组（对照组：16～25 岁）				
26～35 岁	—	—	—	—
36～45 岁	—	—	－0.083***	－0.086***
46～55 岁	－0.037*	－0.045**	－0.102***	－0.107***
56～65 岁	－0.041**	－0.054**	－0.040**	－0.043*
性别（对照组：女性）				
男性	—	0.038*	0.046**	—

续表

	Beta（2007 年）		Beta（2017 年）	
	模型 1	模型 2	模型 3	模型 4
文化程度（对照组：小学及以下）				
初中	—	—	—	—
高中/技校/职高/中专	—	—	—	—
大专	—	—	—	—
大学	—	—	0.045 **	0.067 ***
研究生	—	—	—	—
地理区域（对照组：西部地区）				
东部地区	-0.064 ***	-0.055 **	—	0.077 **
中部地区	—	—	0.134 ***	0.204 ***
东北地区	-0.112 ***	-0.114 ***	0.082 ***	0.106 ***
产业类型（对照组：工农业）				
流通业	-0.065 ***	-0.042 *	0.033 *	0.053 **
社会服务业	-0.039 *	—	—	—
文化产业	—	0.059 **	—	—
公共服务业	-0.074 **	—	—	—
所有制类型（对照组：个体户）				
私营企业	0.031 [a]	—	—	—
股份（合作）制	—	—	—	—
国有企业	-0.060 **	-0.084 ***	—	—
国有事业单位	-0.118 ***	-0.163 ***	—	—
集体企业	—	—	—	—
外资和合资企业	—	—	0.033 *	0.054 **
党政群团机构	-0.109 ***	-0.150 ***	-0.033 *	—
企业规模（对照组：10 人及以下）				
11~50 人	0.053 **	0.062 ***	—	—
51~100 人	—	—	—	—
101~300 人	—	—	—	—
301~500 人	—	—	—	—

续表

	Beta（2007 年）		Beta（2017 年）	
	模型 1	模型 2	模型 3	模型 4
企业规模（对照组：10 人及以下）				
501～1000 人	—	—	0.049**	0.039*
1001 人及以上	—	—	0.034*	—
当前企业工龄（对照组：1 年以下）				
1～3 年	0.083***	0.072***	—	—
4～10 年	—	—	—	—
11～20 年	—	—	—	—
21 年及以上	—	—	—	—
技术职称（对照组：非专业技术人员）				
高级	—	—	—	—
中级	—	—	-0.040*	—
初级	—	—	—	0.040*
未定级	0.096***	0.087***	-0.077***	-0.039*
员工参与变量				
参与机会	—	-0.127***	—	-0.078***
参与领域	—	-0.062***	—	-0.087***
参与权限	—	—	—	0.094***
R^2	0.085	0.103	0.073	0.112

*** $p<0.001$，** $p<0.01$，* $p<0.05$；[a]：Sig. =0.092。

从模型的总体解释力度看，引入员工参与相关变量后，两次调查的回归模型的解释力度都有一定幅度的提升，表明员工参与对单位外的非制度化参与意愿具有一定的解释力度。

从回归系数的具体情况看，参与机会和参与领域在 2007 年和 2017 年的模型中都具有显著的负向作用，即员工参与机会越多，或者在各参与领域中受到的鼓励越多，那么他们单位外的非制度化参与意愿也就越弱；参与权限在 2007 年的影响不显著，而在 2017 年则呈正向影响，表明参与权限越大，其单位外的非制度化参与意愿也越强，这与其对单位内的非制度化参与的影响相一致。

由此可见，员工参与对单位外非制度化参与意愿是有显著影响的，而且参与机会和参与领域，能够使这种非制度化参与意愿明显减弱，而非参与权限。这与前面对工作满意度的影响具有很高的相似性，这进一步说明员工参与本身所具有的积极意义。

通过对2007年和2017年两次全国抽样调查的统计分析，我们可以针对这10年中员工参与的制度实践及其变迁得出如下一些基本结论。

第一，从整体上看，员工参与作为工作环境的一个重要维度，我国员工参与状况呈现不断改善的趋势，最直接的表现是员工的参与机会在增多，参与权限也在增大（当然，参与权限即便是增大了不少，但整体水平仍然较低），而且员工在各种参与渠道的使用率上也有明显的提高。相应地，员工的非制度化参与呈现不断弱化的趋势，这表现为单位内的非制度化参与行为在减少，而单位外的非制度化参与意愿也在减弱，而且即便存在一些非制度化参与行为，也主要是围绕与员工自身利益相关的方面进行私下的议论而已。

第二，在这种不断改善趋势的背后，我们也发现了一些结构性特点。无论是参与机会的提升，参与权限的增大，还是参与渠道使用率的提高，都更多地集中在或表现在劳动过程中的参与上，即围绕工作的改进或效率的提高而展开的，从某种意义上可以认为，这种参与状态更多的是从属于劳动效率或企业绩效这一主导逻辑的。当然，从参与领域角度看，如果涉及了员工的切身利益，尤其是底线利益（如生产安全）时，企业也是允许或鼓励员工参与的。

第三，就影响员工参与的因素来看，在个体特征方面，企业结构中处于优势地位的员工，特别是专业技术水平较高的员工，相对来说具有更多的参与机会和更大的参与权限，不过，随着时间的推移，不同特征的员工群体，在参与上所具有的差异性呈现减小的趋势；在企业特征方面，与通常的看法大为不同的是，所有制类型只对员工参与权限有显著影响，但这种影响也呈现弱化趋势，而对于员工参与机会或参与领域都没有显著影响，反倒是企业规模对员工参与有显著影响，企业规模越小，员工参与状况会越好。不过，总体趋势表明，就参与机会和参与领域来看，我国员工参与的制度实践越来越具有趋同性或包容性。

第四，员工参与具有重要的社会功能，这主要表现为员工参与对员工的工作认同度有显著的正向作用，同时也能显著减弱员工的单位外非制度化参与意愿。而特别值得关注的是，最能提升员工工作认同度的是参与机会和参与领域，而不是参与权限，同样，能显著减弱单位外非制度化参与意愿的，也是参与机会和参与领域，而不是参与权限。这表明，员工参与本身就具有积极的社会意义，而不在于这种参与究竟有多么大的权限、能够达成什么目标，因为即便参与者没有足够大的权限去直接实现自身的目标，但也可能会因此得到关注，从而间接、逐步、部分地实现自身的目标，并且在这种参与中能够得到情感上的认可和道义上的支持，因此，这个结果也在很大程度上证明，员工参与本身就可以成为目标，并且是良好的工作环境的重要组成部分。

第五章　结论

随着经济发展水平的不断提高，人们的工资福利也在不断地改善，这不仅提高了人们的生活水平，而且反过来激发了人们对工作的更高期待或要求。特别是近几十年来，人们对工作的理解和期待变得越来越丰富，不再将其仅仅理解为一种纯粹的谋生手段。在这一过程中，一些重要的观念或理念的提出，更是促进了这一进程。

这其中影响力较大的是工作生活质量概念的提出，该概念是在20世纪60年代后期提出来的，此后被工业发达国家所广泛接受。虽然各界人士对工作生活质量的理解还存在一定的分歧，没有形成一个普遍认同的定义，但他们仍然有一些基本的共识，比如强调员工在工作时不仅应得到物质上的满足，还应得到精神上的满足，所以，工作单位应该在薪资福利、劳动安全卫生、就业稳定或安全感、人际关系、职业发展、组织归属、工作挑战性或自主性等方面为员工提供良好的工作环境、营造良好的工作氛围。另一个影响力较大的理念则是由国际劳工组织在20世纪末提出的“体面劳动”，国际劳工组织通过这个概念想要表达的就是要保障劳动者能够享有自由、公正、安全和有尊严的劳动条件或工作环境。

简言之，人们对工作的期待已经不只是更高的工资福利，也包括更好的工作环境，而这种对工作环境的期待，既包括了物质意义上的工作环境（安全和卫生），也包括了社会－心理意义上的工作环境（人性化）。这种人性化工作环境的一个重要方面就是要营造一种参与式工作氛围，让员工享有一定程度的工作自主权，积极参与组织决策和问题解决的过程，并在这个过程中获得工作的社会意义和自我成就感。如今员工参与已经成为一个具有较高共识的价值理念，并因此成为所有工作单位都不得不面对的重要制度环境或社会期望。

当然，不同主体在面对员工参与时，所持有的立场或诉求是不同的。从员工个体的角度看，参与不仅是一种制度化的利益表达和维护的重要渠道，而且也是将其个人职业生涯融入企业发展的重要途径。当然，如果员工对工作或劳动过程享有一定的自主权，那么这种参与能让员工感到工作更有成就感或意义感。从企业或雇主的角度看，设置各种制度化的员工参与渠道的主要目的，在于吸引员工对工作或劳动过程建言献策，并通过适当的激励机制来激发员工的工作积极性和主动性，从而提升组织绩效，而且，也可以通过参与的方式来适当疏导员工情绪，增强员工对企业的认同感。此外，企业还可以通过设置员工参与的种种制度或机制，来迎合外部制度要求，比如一些跨国公司会对供货商进行各种认证，其中就会有像企业社会责任等与员工参与相关的制度要求。从政府的角度看，员工参与被赋予了多重的期待，首先是作为一种重要的劳动关系协调机制，其次是作为一种监督企业经营管理者的渠道，最后是作为践行基层民主政治的重要形式。

不过，即便各方对员工参与都有期待，但他们对员工参与的期待并不一致，比如员工更多地希望通过参与来改善自己的劳动条件和待遇，而企业更关注的是如何让员工更加投入，以提升企业绩效，二者的角度不同，很有可能产生不协调的结果。所以，员工参与在制度设计上，不可能是一成不变的，而是基于不同的处境，在不同力量的作用下，呈现相应的制度安排，即员工参与的方式、领域、程度、渠道等随各种力量和条件的变化而变化。

就我国的员工参与来说，我国近代工业化发展道路与国家政权建设密切关联，因此从一开始，我国的员工参与就表现出较为明显的自上而下的政府主导特点，即在很大程度上是由党和政府根据形势的需要而不断探索和推动的，只是到了改革开放之后，特别是随着非公企业的不断发展和成熟，基于人力资源管理的内在要求出现了各种自下而上的参与模式，从而使得我国的员工参与表现出了复杂多样的形态。不过在整体上，自上而下的制度安排始终具有非常重要的影响，在不同历史时期形塑了我国员工参与的不同形态。

对我国员工参与的制度变迁史的考察表明，在不同历史时期，员工参与的动力、目标、形式、领域和权限等，在很大程度上是由当时的政治经济环境以及企业的生产经营状况来决定的。

从动力来看，主要有三个重要动力，分别是激发工人积极性和主动性、社会主义意识形态以及民主政治的要求以及维护工人合法权益和协调劳动关系。在不同历史时期，这三者的地位稍有不同，在革命战争时期，激发工人积极性和主动性是重要动力；在社会主义建设时期，社会主义意识形态和民主政治的要求逐渐成为重要动力；而到改革开放时期，维护工人合法权益和协调劳动关系成了重要动力。

从形式来看，我国的员工参与具有很强的延续性，特别是劳动过程中的全员性的直接参与，比如劳动竞赛、合理化建议等，一直都得到大力倡导。至于通过代表来进行的间接参与，则很早就有了两种重要渠道，一种是通过个体性的代表参与管理机构，比如早期的工厂管理委员会以及现在的公司制企业中的职工董事和职工监事制度，另一种是通过集体性的代表参与职工代表大会，这种形式也成了我国员工参与或企业民主管理的基本形式。

从权限来看，在苏维埃政权时期，整个企业领导体制都在初创阶段，因此非常有必要动员工人来参与解决生产和管理上的种种问题，于是这一时期的员工参与权限比较大，但这种情况很快就暴露出容易导致生产责任缺失或无人负责的问题，于是，员工参与的权限开始被减小，更多的是围绕企业生产经营管理问题进行讨论，提出意见、建议或批评等，而企业中的行政管理系统也逐步完善起来。在新中国成立后，特别是随着高度计划经济体制的建立，企业生产经营管理方面的重大事项基本都由企业党委来决定，员工参与权限基本延续了此前的对企业生产经营活动的审议建议权以及对经营管理者的监督权。在改革开放初期，为了恢复和重整生产秩序，不仅企业民主管理制度迅速得到恢复，而且员工参与权限也有了较为明显的增加，甚至在一些事关职工切身利益的福利和奖惩制度上具有决定权。不过，随着生产秩序的恢复，特别是随着企业经营自主权的增加，员工参与权限逐渐减小。此后，随着改革开放的不断深化，不同领域中的员工参与开始逐步得到明确和完善，概言之，与职工切身利益密切相关的重大事项，员工参与权限可以上升到审议通过权或否决权，而与企业生产经营相关的重大事项，员工参与权限则更多的是审议建议权，此外，针对企业经营管理层，还有一定的监督权和评议权，针对公司制企业中的职工董事和职工监事，则享有选举权。

当然，制度规定与制度实践之间可能会存在一定的差异，因此，为了更全面地了解我国员工参与的状况，我们先后于 2007 年和 2017 年进行了两次全国范围的抽样调查，这两次调查的时间跨度刚好十年，尽管与前面的制度变迁分析的时段相比，这个跨度较小，但至少可以在一定程度上反映出近些年来我国员工参与的制度实践及其变迁趋势。

从整体上看，近十年间我国员工参与的状况呈现不断改善的趋势，这表现为员工参与机会的增多，参与权限的增大以及各种参与渠道使用率的提高。这也表明，一方面，企业为员工提供的参与环境在改善；另一方面，员工自身的参与意识也在提高。而员工的非制度化参与则相应呈现减少的趋势，这表现为员工在单位内的非制度化参与行为在减少，而单位外的非制度化参与意愿也在减弱。从员工参与的内在结构特点看，这十年间我国员工参与状况的改善，主要还是集中在劳动过程中的参与上，即企业的参与制度安排更多的是为了鼓励员工提高工作效率，从而提升企业绩效。当然，在涉及员工切身利益的问题时，企业也是允许或鼓励员工参与的。由此可见，我国员工参与的制度设计与制度实践，还是具有较高的一致性的。

此外，我们的调查还特别分析了员工参与的影响因素以及员工参与的社会功能。在影响因素方面，我们有些研究结果与人们通常的认知基本一致，比如在企业结构中处于优势地位的员工，特别是专业技术水平较高的员工，相对来说具有更多的参与机会和更大的参与权限，不过，这种差异有缩小的趋势；与此同时，我们也发现了与人们通常的认知不一致的地方，那就是所有制类型似乎对员工参与的影响并不是很明显，而真正有显著影响的是企业规模，通常企业规模越小，企业中员工参与的状况也越好。不过，综合个人特征和组织特征来看，我国员工参与的机会和领域在总体上呈现趋同性。

在员工参与的社会功能方面，我们的研究验证了以往一些研究者的观点，即员工参与能够提升员工的工作认同度，也能减弱员工的单位外非制度化参与意愿。然而，更有意思的发现是，最能提升员工工作认同度以及减弱员工单位外非制度化参与意愿的是参与机会而非参与权限，这在一定程度上表明，只要有了参与机会，就能带来积极的效果，这也间接表明，参与本身可以成为一种价值目标，并成为良好的工作环境的重要组成部分。

总之，随着人们对工作环境认识和要求的不断提高，员工参与理应成为一个重要的维度，并得到应有的重视。工作单位应在不同领域设立合适的参与渠道，提供充足的参与机会，赋予员工合理的参与权限，让员工与单位形成命运共同体的同时也促成工作单位中基层民主的实现。

参考文献

Allen, Robert E., Margaret A. Lucero, and Kathleen L. Van Norman. 1997. "An Examination of the Individual's Decision to Participate in an Employee Involvement Program." *Group and Organization Management*, 22 (1).

Boxall, Peter, and Keith Macky. 2014. "High-Involvement Work Process, Work Intensification and Employee Well-Being." *Work Employment and Society*, 28 (6).

Bull, Elaine E., Amanda Pyman, and Mark W. Gilman. 2013. "A Reassessment of Non-Union Employee Representation in the UK: Developments Since the 'ICE' Age." *Journal of Industrial Relations*, 55 (4).

Dobbin, Frank, and John R. Sutton. 1993. "Equal Opportunity Law and the Construction of Internal Labor Markets." *American Journal of Sociology*, 99 (2).

Dundon, Tony, Adrian Wilkinson, Mick Marchington, and Peter Ackers. 2004. "The Meanings and Purpose of Employee Voice." *International Journal of Human Resource Management*, 15 (6).

Gerber, Larry G. 1988. "Corporatism in Comparative Perspective: The Impact of the First World War on American and British Labor Relations." *The Business History Review*, 62 (1).

Globerson, Arye. 1970. "Spheres and Levels of Employee Participation in Organizations." *British Journal of Industrial Relations*, 8 (2).

Gospel, Howard F. and Gill Palmer. 1993. *British Industrial Relations.* 2rd edition. London and New York: Routledge.

Hawley, Ellis W. 1978. "The Discovery and Study of a 'Corporate Liberalism'." *The Business History Review*, 52 (3).

Herrick, Neal Q. and Robert P. Quinn. 1971. "The Working Conditions Survey as a Source of Social Indicators." *Monthly Labor Review*, 94 (4).

Kalleberg, Arne L., Torstein Nesheim, and Karen M. Olsen. 2009. "Is Participation Good or Bad for Workers? Effects of Autonomy, Consultation and Teamwork on Stress Among Workers in Norway." *Acta Sociologica*, 52 (2).

Knudsen, Herman, Ole Busck, and Jens Lind. 2011. "Work Environment Quality: the Role of Workplace Participation and Democracy." *Work Employment and Society*, 25 (3).

Lansbury, Russell D. and Nick Wailes. 2008. "Employee Involvement and Direct Participation." *In The Sage Handbook of Industrial Relations*, edited by Paul Blyton, Nicolas Bacon, Jack Fiorito, and Edmund Heery. Los Angeles: Sage Publications Ltd.

Lee, Ching Kwan. 1999. "From Organized Dependence to Disorganized Despotism: Changing Labor Regimes in Chinese Factories." *The China Quarterly*, 157.

Lewer, John. 2013. "Employee Involvement and Participation Under Extreme Conditions: The Newcastle Steelworks Case." *Journal of Industrial Relations*, 55 (4).

Loveridge, Ray. 1980. "What is Participation? A Review of the Literature and Some Methodological Problems." *British Journal of Industrial Relations*, 18 (3).

Markey, Raymond, and Keith Townsend. 2013. "Contemporary Trends in Employee Involvement." *Journal of Industrial Relations*, 55

(4).

Markey, Raymond, Candice Harris, Jens Lind, Ole Busck, and Herman Knudsen. 2010. "Employee Participation on Work Environment in Food Processing Industry in Denmark and New Zealand." *Indian Journal of Industrial Relations*, 45 (4).

O'Connell-Maher, James. 1946. "New Concepts of Working Conditions." *Bulletin des Relations Industrielles*, 2 (1).

Portigal, Alan H. 1973. "Current Research on the Quality of Working Life." *Industrial Relations*, 28 (4).

Ramsay, Harvie. 1977. "Cycles of Control: Worker Participation in Sociological and Historical Perspective." *Sociology*, 11 (3).

Ross, Lain. 2013. "Foreword." *Journal of Industrial Relations*, 55 (4).

Singh, Mira, and D. M. Pestonjee. 1990. "Job Involvement, Sense of Participation and Job Satisfaction: A Study in Banking Industry." *Indian Journal of Industrial Relations*, 26 (2).

Strauss, George. 1979. "Workers' Participation: Symposium Introduction." *Industrial Relations*, 18 (3).

Strauss, George, and Eliezer Rosenstein. 1970. "Workers Participation: A Critical View." *Industrial Relations*, 9 (2).

Strauss, George. 2006. "Worker Participation—Some Under-Considered Issues." *Industrial Relations*, 45 (4).

Wilkinson, Adrian, and Charles Fay. 2011. "New Times for Employee Voice?" *Human Resource Management*, 50 (1).

薄一波，2008，《若干重大决策与事件的回顾》（上），中共党史出版社。

蔡禾、李晚莲，2014，《国有企业职工代表大会制度实践研究——一个案例厂的六十年变迁》，《开放时代》第5期。

陈万思、覃润宇、武琼娥、晁岳刚、丁珏，2015，《员工参与对双组织承诺的影响：组织支持的中介作用与用工制的调节作用》，《中国人力资源开发》第9期。

陈小平，2012，《员工参与对工作满意度和员工绩效影响实证研究》，《理论导刊》第2期。

崔之元，1996，《鞍钢宪法与后福特主义》，《读书》第3期。

邓小平，1979，《邓小平同志代表党中央和国务院在中国工会第九次全国代表大会上的致词》，载工人出版社编《中国工会第九次全国代表大会纪念刊》，工人出版社。

杜耀华，1986，《新中国建立后各时期企业领导制度的比较》，载中华全国总工会政策研究室编《企业民主管理的理论、历史和实践》，经济管理出版社。

范围，2012，《论工作环境权》，《政法论丛》第4期。

冯同庆，2003，《国有企业职工参与的国家规范的变化——从利益规范到权利规范的案例研究》，《工会理论与实践》第2期。

冯彦君、邱虹，2007，《职工参与制及其理论基础质疑》，《当代法学》第5期。

郭英，1987，《企业民主管理教程》，经济管理出版社。

郝迎潮、万迪昉、吴翠花，2007，《工作环境与科技型中小企业知识创造关系研究》，《科研管理》第5期。

何沿，2012，《从公有产权到集体劳权——职工民主管理制度的演变作用探究》，《中国劳动关系学院学报》第1期。

纪元，2008，《企业民主管理的新制度经济学视角》，《中国劳动关系学院学报》第3期。

姜学文、鞠巍、常春，2019，《职业人群焦虑和抑郁状况与工作环境的通径分析》，《中国心理卫生杂志》第5期。

李汉林、吴建平，2010，《组织团结过程中的员工参与》，中国社会科学出版社。

李晚莲，2015，《国企职代会实践变迁中的矛盾与国家基层治理》，《求索》第9期。

李扬、张晓晶，2015，《“新常态”：经济发展的逻辑与前景》，《经济研究》第5期。

李永安，1994，《在全国工会经济工作会议上的报告（8月28日）》，载于全国总工会政策研究室编《中国工会十二大以来重要文献选编》，内部资料。

刘银国，2010，《国有企业员工参与公司治理与公司绩效相关性研究》，《经济学动态》第4期。

刘银国、吴成凤，2007，《国有企业员工参与公司治理问题研究》，《经济管理》第24期。

刘元文，2013，《职工代表大会职权的演变与要明确的三项基本职权》，《中国劳动关系学院学报》第6期。

楼伟民，2004，《非公企业民主管理中的几个“不等式”》，《工会理论与实践》第6期。

吕梦捷，2013，《国有钢铁企业工作场所中的员工参与和员工声音——基于G钢工作场所的案例研究》，《中国人力资源开发》第1期。

苗丰仁、王健翎，2004，《关于外资企业民主管理多元化的思考》，《工会理论与实践》第2期。

倪志福，1979，《中国工人阶级新的伟大历史使命——在中国工会第九次全国代表大会上的工作报告》，载工人出版社编《中国工会第九次全国代表大会纪念刊》，工人出版社。

牛建林、郑真真、张玲华、曾序春，2011，《城市外来务工人员的工作和居住环境及其健康效应》，《人口研究》第3期。

佩特曼，2006，《参与和民主理论》，陈尧译，上海世纪出版集团。

彭明明、刘汉民，2012，《企业改制中的员工参与与改制效果评价》，《社会科学辑刊》第5期。

渠敬东、周飞舟、应星，2009，《从总体支配到技术治理》，《中国社会科学》第6期。

沈文玮，2015，《西方企业员工参与的历史演进及启示》，《经济研究参考》第13期。

石少侠、王福友，1999，《论公司职工参与权》，《法制与社会发展》第3期。

孙中伟、张莉、张晓莹，2018，《工作环境污染、超时加班与外来工的精神健康》，《人口与发展》第5期。

佟新，2006，《延续的社会主义文化传统》，《社会学研究》第1期。

王持栋，1986，《中国企业民主管理发展简史》，载中华全国总工会政策研究室编《企业民主管理的理论、历史和实践》，经济管理出版社。

王崇敏、马建兵，2012，《公司社会责任思想在职工民主管理中的理论意义及实践》，《法学论坛》第1期。

王东明，2018，《以习近平新时代中国特色社会主义思想为指导 团结动员亿万职工为决胜全面建成小康社会 夺取新时代中国特色社会主义伟大胜利而奋斗——在中国工会第十七次全国代表大会上的报告》，载李玉赋主编《中国工会十七大报告辅导读本》，中国工人出版社。

王全兴，1995，《职工参与制度探微》，《中国劳动科学》第7期。

王毅杰、卢楠，2014，《工作环境、相对剥夺与农民工工作倦怠》，《南通大学学报·社会科学版》第3期。

王兆国，2008，《高举中国特色社会主义伟大旗帜 团结动员亿万职工为夺取全面建设小康社会新胜利而奋斗——在中国工会第十五次全国代表大会上的报告》，载张安顺、张坚民、陈乐洋主编《中国工会十五大精神学习辅导读本》，人民日报社。

韦伯夫妇，1959，《英国工会运动史》，陈建民译，商务印书馆。

吴建平，2019，《企业民主管理：议题与进展》，《中国劳动关系学院学报》第5期。

吴建平、陈紫葳，2010，《企业民主管理的实证基础——以员工参与与员工满意度相关关系为视角》，《中国劳动关系学院学报》第4期。

吴健、张光磊，2016，《同一屋檐下的不同感受：基层管理者与员工参与式管理感知差异研究》，《中国人力资源开发》第20期。
吴思嫣、崔勋，2013，《中国国有企业员工参与的演进路径》，《现代管理科学》第5期。
吴伟东，2014，《农民工参与企业民主管理及其影响因素研究——基于10个城市1021份问卷调查数据》，《湖南农业大学学报》（社会科学版）第6期。
吴亚平，2013，《完善企业民主管理立法的几个问题》，《中国劳动关系学院学报》第1期。
向李娟、刘方方，2013，《图书馆馆员心理工作环境测量问卷设计研究》，《图书情报工作》第12期。
谢玉华，2009，《中国工业民主和员工参与制度及功能国企民企外企的比较——来自湖南的调查》，《经济社会体制比较》第1期。
谢玉华、何包钢，2007，《西方工业民主和员工参与研究述评》，《经济社会体制比较》第2期。
谢玉华、何包钢，2008，《工业民主和员工参与：一个永恒的话题——中国工业民主和员工参与研究述评》，《社会主义研究》第3期。
谢玉华、刘晓东、潘晓丽，2010，《员工参与对员工忠诚度影响的实证研究》，《湖南大学学报》（社会科学版）第5期。
谢玉华、张媚、雷小霞，2010，《影响员工参与的组织因素研究》，《财经理论与实践》第5期。
谢玉华、张群艳，2013，《新生代员工参与对员工满意度的影响研究》，《管理学报》第8期。
谢增毅，2013，《职代会的定位与功能重塑》，《法学研究》第3期。
邢占军、张燕，2010，《党政领导干部心理工作环境与主观幸福感关系初步研究》，《南京社会科学》第2期。
徐鹏、白贵玉、陈志军，2016，《知识型员工参与激励与创新绩效关系研究》，《科学学与科学技术管理》第5期。
杨冬梅，2005，《公司职工民主管理的理论与立法研究》，《中国劳动关系学院学报》第1期。

杨冬梅，2008，《非公有制企业民主管理的立法趋势》，《中国劳动关系学院学报》第3期。

杨冬梅，2015，《协商民主与职工民主管理刍议》，《中国劳动关系学院学报》第4期。

杨瑞龙，2005，《论职工参与企业治理的经济学逻辑》，《经济学动态》第5期。

杨倚奇、孙剑平、周小虎，2015，《创造力工作环境缺失及建构路径研究》，《科技进步与对策》第14期。

义海忠、谢德成，2012，《工作环境权的内容及价值》，《宁夏社会科学》第5期。

由由，2014，《高校教师流动意向的实证研究：工作环境感知与工作满意的视角》，《北京大学教育评论》第2期。

游正林，2014，《对中国劳动关系转型的另一种解读》，《中国社会科学》第3期。

俞林伟，2016，《居住条件、工作环境对新生代农民工健康的影响》，《浙江社会科学》第5期。

詹婧、李晓曼，2015，《国外员工参与制度与企业绩效关系的研究综述及展望》，《中国人力资源开发》第9期。

詹婧、李晓曼、杨涛，2016，《企业员工参与制度有助于劳资纠纷内部消解吗？——来自雇主—雇员匹配调查的证据》，《中国人力资源开发》第18期。

张渤、杨云霞，2009，《我国职工参与法律制度的变迁》，《人文杂志》第1期。

张成廉、齐燕庆，2002，《上市公司工会职代会状况调查》，《工会理论与实践》第2期。

张丁华，1998，《高举邓小平理论伟大旗帜　团结动员各族职工为实现我国跨世纪宏伟目标而奋斗——在中国工会第十三次全国代表大会上的工作报告》，载本书编写组《学习工会十三大精神系列辅导教材》，中国人事出版社。

张舫，2004，《职工参与公司控制质疑——对“共决制”的理论与制度分析》，《现代法学》第2期。

张震、马力、马文静，2002，《组织气氛与员工参与的关系》，《心理学报》第3期。

张竹英，2002，《职工参与企业民主管理的若干法律问题研究》，《理论导刊》第5期。

赵新亮、刘胜男，2018，《工作环境对乡村教师专业学习的影响机制研究》，《教师教育研究》第4期。

郑文智、陈金龙、胡三嫚，2012，《劳动契约、员工参与与相互投资型劳动关系》，《管理科学》第6期。

中国工运学院工会学系，1994，《新时期工会工作重要文件选编(1983—1993)》，内部资料。

中国工运学院工会学系，1999，《新时期工会工作重要文件选编(1993—1998)》，内部资料。

中华全国总工会办公厅编，1983，《中华全国总工会文件选编（一九八一年)》，工人出版社。

中华全国总工会政策研究室编，1986，《中国企业领导制度历史文献》，经济管理出版社。

周黎安，2007，《中国地方官员的晋升锦标赛模式研究》，《经济研究》第7期。

周其仁，1996，《市场里的企业：一个人力资本与非人力资本的特别合约》，《经济研究》第6期。

周雪光，2003，《组织社会学十讲》，社会科学文献出版社。

周英锐、秦美从，2014，《关于职工参与公司管理的思考——兼论公司法相关法律规定的完善》，《中国劳动关系学院学报》第3期。

周勇、肖田，2015，《员工参与对离职倾向的影响研究——以组织承诺为中介变量》，《财会通讯》第12期。

后 记

2006年，我在中国社会科学院研究生院社会学系读书期间，有幸参与了博士生导师李汉林研究员主持的一项关于中国员工参与的研究项目，并主要依托于此项目完成了我的博士论文。虽然此后我的研究重心转到了中国工会制度变迁，但对员工参与问题始终保持着一定的兴趣，毕竟工会与员工参与之间有着密切的联系。

当然，从研究兴趣到研究著作的出版，这中间有着极为复杂的过程，也需要一定的机缘，而这个机缘是在三四年前出现的。当时李老师已经在筹划并推动关于中国工作环境的研究，并从工作时间、工作报偿、工作场所及工作中的员工参与等方面对工作环境进行考察，李老师将员工参与方面的研究交给了我。此后，在李老师的指导、关心和督促下，此项研究终于得以完成。在此，我要对李老师表示衷心的感谢，不仅感谢他提供机会让我能够参与中国工作环境研究，并有了此项研究成果，还要感谢他这些年来对我的诸多鼓励、关照和支持。同时也要感谢他所带领的中国工作环境研究团队，正是他们前期的艰辛工作，特别是全国范围的抽样调查工作的出色完成，才让我能够坐享其成，如此便利地利用其中的数据进行统计分析。

在写作的过程中，当年跟随老师们去各地调研以及与老师们讨论员工参与问题的场景，不时浮现在眼前，如今回想起来，觉得自己特别幸运，能够在这样的团队中学习和成长。在此，我要感谢折晓叶、渠敬东、夏传玲等各位老师当年给予的教导和关心。

最后，我要感谢我的家人，他们的支持和关心让我能够安心地完成此项工作。

2020 年 5 月

图书在版编目(CIP)数据

中国式员工参与：制度与实践的变迁 / 吴建平著. -- 北京：社会科学文献出版社，2020.12
(中国工作环境研究丛书)
ISBN 978-7-5201-7673-6

Ⅰ.①中… Ⅱ.①吴… Ⅲ.①人事管理-研究 Ⅳ.①D035.2

中国版本图书馆 CIP 数据核字(2020)第235116号

中国工作环境研究丛书
中国式员工参与：制度与实践的变迁

著　　者 / 吴建平

出 版 人 / 王利民
组稿编辑 / 谢蕊芬
责任编辑 / 胡庆英
文稿编辑 / 孙海龙

出　　版 / 社会科学文献出版社·群学出版分社 (010) 59366453
地址：北京市北三环中路甲29号院华龙大厦　邮编：100029
网址：www.ssap.com.cn
发　　行 / 市场营销中心 (010) 59367081　59367083
印　　装 / 三河市尚艺印装有限公司

规　　格 / 开　本：787mm×1092mm　1/16
印　张：12.5　字　数：168千字
版　　次 / 2020年12月第1版　2020年12月第1次印刷
书　　号 / ISBN 978-7-5201-7673-6
定　　价 / 89.00元